KB106435

공부 잘하는
레시피

공부 잘하는 레시피

발행일	2024년 8월 23일

지은이	유미경		
펴낸이	손형국		
펴낸곳	(주)북랩		
편집인	선일영	편집	김은수, 배진용, 김현아, 김다빈, 김부경
디자인	이현수, 김민하, 임진형, 안유경	제작	박기성, 구성우, 이창영, 배상진
마케팅	김회란, 박진관		
출판등록	2004. 12. 1(제2012-000051호)		
주소	서울특별시 금천구 가산디지털 1로 168, 우림라이온스밸리 B동 B111호, B113~115호		
홈페이지	www.book.co.kr		
전화번호	(02)2026-5777	팩스	(02)3159-9637

ISBN	979-11-7224-243-5 03370 (종이책)	979-11-7224-244-2 05370 (전자책)

(주)북랩 성공출판의 파트너

북랩 홈페이지와 패밀리 사이트에서 다양한 출판 솔루션을 만나 보세요!

홈페이지 book.co.kr • **블로그** blog.naver.com/essaybook • **출판문의** book@book.co.kr

작가 연락처 문의 ▸ ask.book.co.kr

작가 연락처는 개인정보이므로 북랩에서 알려드릴 수 없습니다.

이 책 본문에 사용된 이미지는 Microsoft Bing Image Creator를 통하여 제작하였습니다.
Image Generated using Microsoft Bing Image Creator

공부 잘하는 레시피

최고의 성적을 올리는 공부 비법

공부는 요령이다.
효율적인 학습법을 익히면
짧은 시간에도 놀라운 성과를 얻을 수 있다!

유미경 지음

북랩

추천사

"공부법은 이 책 한 권으로 충분하다."

공부에 관한 책은 숱하다. 나도 〈진짜 공부〉란 책을 냈다. 책을 쓰기 위해 읽은 공부법 관련 도서가 족히 50권은 된다. 놀랍게도 이 책은 내가 읽은 내용을 거의 망라하고 있다. 그야말로 공부 잘하는 법에 관한 종합판이다.

무엇보다 구체적이다. 공부하려는 마음을 어떻게 해야 먹을 수 있는지, 시험을 잘 볼 수 있는 방법은 무엇인지, 공부하는 자녀를 둔 부모님은 어떤 역할을 해야 하는지에 관해 조목조목 제시한다. 뿐만 아니라 국어·영어·수학 등 과목별로, 학교·집·학원 등 장소별로 공부 잘하는 방법도 알려준다. 40년 가까운 교단 경력이 아니곤 알 수 없는 비법이 책 곳곳에서 빛을 발한다.

― 강원국(작가)

.

　〈공부 잘하는 레시피〉는 공부하는 법에 대한 종합 안내서이다. 왜 공부해야 하는가 라는 기본부터 공부를 잘하는 구체적 전략까지, 공부의 원리에 대한 방향부터 세세한 공부 방법까지, 나아가 학생들 돕는 부모의 지도 전략까지 자세하고 친절하게 제시하고 있다. 그야말로 학교 현장에서 교육한 40년의 노하우가 집적되어 있는 책이다.

　공부를 잘하고 싶은가? 이 레시피대로 따라해 볼 것을 권한다.

— 고장완(성균관대학교 사범대 학장)

"맛있는 공부에 대한 최고의 레시피"

　교사로서, 장학사로서, 교장으로서 오랜 기간 학교 현장에서 아이들의 성취와 성장, 기초학력에 관심을 갖고 고심해 온 저자의 오랜 지식과 경험이 이 책에 녹아져 있다. 공부보다 놀기를 좋아하는 자녀들을 보면서 고민을 하고 있는 부모들에게, 공부를 잘하고 싶지만 노력에 비해 성적이 잘 오르지 않아 고민하고 있는 학생들에게 이 책은 누구나 알고 있지만 실천하기 어려운 공부의 다양한 방법들에 대해 구체적이고 알기 쉬운 처방을 제시하고 있다. 아이에게 맛있는 음식을 만들어 주고 싶은 부모의 마음처럼, 이 책은 공부라는 음식을 제대로 맛보지 못한 아이들이 공부라는 음식을 어떻게 하면 맛있게 잘 먹고 자랄 수 있는지를 알려주고 싶은 엄마이자 선생님의 마음을 담고 있다.

— 엄준용(중부대학교 교수)

40년간 학교 현장에서 학생들이 공부하는 것을 유심히 관찰을 해오신 유미경 교장 선생님. 공부를 잘하는 아이들은 무언가 다르다는 것을 발견해 내셨다. 제자들을 사랑으로 가르쳐왔기에 찾아낸 특별한 공부법. 공부 잘하는 비법이 들어있는 〈공부 잘하는 레시피〉는 '공부에도 왕도가 있다'는 것을 알려주리라 확신한다.

— 윤호상(서울미술고등학교 교장, 한양대학교 교육대학원 겸임교수)

대한민국 국민이라면 누구나 교육에 대해 이야기할 수 있다. 모두가 학생으로 우리 교육을 겪어보았고, 누군가는 학부모로 자녀 교육을 바라보기도 했으며, 또 다른 이는 교사로 교육 현장에 몸담았기 때문이다. 각자의 위치에 따라 바라본 우리 교육의 현실과 문제점은 당연히 다를 수밖에 없다.

이 책의 저자인 유미경 교장 선생님은 학부모의 입장에서부터 교사, 교육전문직, 그리고 교감, 교장까지 근 40년 동안 교육계 안팎에서 우리 교육을 경험하고 바라보고 다양한 교육 정책을 진두지휘하며 추진해 오셨다.

그렇기에, 누구보다 폭넓고 깊이 있는 시선으로 공부하는 학생들에 대한 종합적인 고민을 해오신 결과가 집약된 이 책을 공부에 어려움을 겪는 모든 학생들과 그들의 부모님께 강력히 추천해 드린다. 이 책의 마지막 장을 덮을 때, 더 나은 학습 방법을 찾고 자신의 꿈을 이루는 데 한 걸음 더 다가가기를 바란다.

— 김성준(성동광진교육지원청 중등교육지원과 장학사)

학생들에게 "열심히 공부해! 최선을 다해! 응원해!"라는 말을 제일 많이 한 것은 아닌지 되돌아보게 하는 책이다. 왜 공부하는지, 어떻게 공부해야 하는지, 공부를 통해 어떤 성장을 하고 싶은지 물어봐야겠다고 다짐하게 하는 저자의 조언이 인상적이다. 공부에 대한 반올림을 원하는 학생, 학부모에게 깊은 울림을 주는 공부 책으로 일독을 권한다.

— 강용철(EBS 강사, 경희여중 교사)

이 책은 공부하는 방법을 알려주어, 학생들이 건강하고 행복한 학교생활을 할 수 있도록 돕는 동시에, 학부모들이 자녀를 효과적으로 지원하여 함께 학업의 목표를 달성할 수 있도록 안내한다. 학창 시절의 다양한 공부를 잘하는 것을 바탕으로, 모든 학생들이 자신의 삶에서 주인공이 되고, 그들의 소중한 꿈과 미래에서 빛나는 존재로 성장하는 데 있어서, 현실적인 조언과 꿀팁을 제공해 주고 있다.

— 구서정(중학교 교사)

아이를 키우면서 육아 도서와 교육 도서를 많이 읽었다. 그러나 이렇게 옆에 앉아 하나부터 열까지 가르쳐 주는 듯한 책은 없었다. 그만큼 이 한 권 안에는 공부에 관해 빈틈없이 자세하게 초, 중, 고 어느 학년이든 접목할 수 있는 〈공부 잘하는 레시피〉가 담겨 있다.

성인이 된 큰 아이의 학창 시절에 이 책을 읽었다면 더 현명하게 공부 방향을 제시할 수 있었을 것으로 생각이 든다.

현재 공부에 대해 고민이 많은 학부모와 학생들에게 이 책은 분명 영향력이 있는 지침서가 될 것이기에 꼭 읽어보기를 권한다.

— 이명진(학부모)

저는 먼저 이 책을 접한 후 작정해서 공부를 열심히 해 보고 싶다는 생각이 들었습니다. 그리고 지금껏 '공부 레시피'를 모른 채 힘들게 공부했다는 것이 굉장히 안타까웠고, 지금이라도 알게 되었다는 사실이 기뻤습니다. 저는 이 책을 학생들에게, 학부모님들께, 더 나아가 선생님들께 추천하는 바입니다. 왜냐하면 글 하나하나마다 공부 방법이 자세하게 담겨 있고 자신감과 같은 힘을 주기 때문입니다. 또 지금까지 나의 공부 습관과 쓸데없이 허비한 시간들을 되돌아보게 해 주고 나쁜 습관들을 고칠 수 있도록 유용한 시간 계획 방법들을 알려줍니다. 마지막으로 책을 덮으며 작은 소리를 되뇌어 봅니다. "주인공은 나야 나, 나는 소중해!"

— 임은지(중학교 3학년 학생)

차례

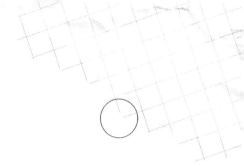

♦ 레시피는 비법·비결 등을 뜻하며, 약제 등의 처방전을 뜻함.

신문을 보다가 '학업 부담에… 정신적으로 건강하지 않다(경향신문, 24. 5. 29.)'는 기사가 내 눈에 띄었다. 그 내용은 "초·중·고등학생의 80%가량이 사교육을 받고 있으며, 특히 초등학생의 사교육 부담이 과중한 것으로 확인됐다. 여성가족부가 29일 국가승인통계를 재가공해 만든 2024년 청소년 통계를 보면, '나는 정신적으로 건강하다'라는 항목에 '그렇지 않다'고 답한 비율은 2020년 2.5%에서 2023년 3.2%로 0.7% 늘었다. '그렇다'고 답한 비율은 97.5%에서 96.8%로 줄었다. 청소년 대다수가 스스로 정신이 건강하다고 생각하지만 3년 사이 부정적으로 생각하는 비율도 증가한 것이다. '정신적으로 건강하지 않다'고 답한 비율이 가장 높은 연령대는 13세~18세, 중·고등학생(4.5%)이었다. 학업 부담이 영향을 미친 것으로 풀이된다…. 특히 지난해 초등학생의 사교육 비율이 전년 대비 0.8% 포인트 상승한 86%를 기록했다. 중학생(75.4%), 고등학생(66.4%)에 비해 사교육 참여율이 월등히 높다…"였다. '정신적으로 건강하지 않다'고 답한 비율이 가장 높은 대상은 중·고등학생이다. 사춘기를 겪으며, 가정생활·교우 관계 등의 어려움도 있지만, 학업이 많은 부분을 차지한다. '주인공은 나야 나, 나는 소중해'를 외치며 간식을 먹기 위해 아이들이 교장 실을 자주 방문한다. 수시로 아이들에게 어려움, 고민되는 점을 물어보면 "영어 성적이 오르지 않는다." "수학 문제 풀이를 하며 실수를 자주 한다." "수행평가가 어렵다." "이해가 잘 안된다." "국어 공부 방법을 잘 모르겠다." 등의 공부와 관련된 것들이 대부분이다.

이러한 공부에 대한 고민들을 덜어주고 도움이 되기 위해 '유샘의 공부 잘하는 비법' 블로그를 2016년 3월부터 운영하였다. 블로그의 글들이 밑바탕이 되고, 교직 39년의 경험으로 '공부 잘하는 레시피'가 완성된 것이다.

1장에서는 공부의 원리와 효과적인 공부 방법 등 '공부하는 비법 알기'를 정리했다. 특히 스스로 주도하는 공부 방법은 자기주도학습이다. 학교나 사교육을 통해 배우는 모든 과목들은 결국 내가 주체가 되어 공부를 해야 한다. 그 방법을 배우고, 실천하길 바란다. 자기 시간 관리나 체계적인 배운 내용 정리 방법은 보람 있는 생활을 할 수 있는 밑바탕을 될 것이다. 나는 '희곡 대본 읽기'를 배우고 있다. 대본을 읽다 보면 발성법 등이 필요하고, 같이 대본 읽기 하는 사람 중에 잘하는 분의 발성을 따라 한다. 따라하다 보면 나도 모르게 실력이 늘어 대본 읽기를 잘하게 되는 경험을 한다. 이와 마찬가지로 공신(공부를 아주 잘하여 붙은 이름)들은 공신이 된 이유가 있다. 머리가 좋은 사람도 있지만 그 이유만으로 잘하지는 못한다. 효율적인 공부를 했기 때문이다. 1장의 마지막 부분이 공신들의 이야기이다. 아이들마다 기질이 다르기에 똑같은 공부 방법을 적용하기는 어렵다. 따라서 여러 가지 방법 중 자기에게 맞는 것을 선택하여 사용하길 바란다. 2장에서는 '공부는 마음먹기에 달려 있다. (일체유심조)'는 것을 강조하기 위해 '공부하는 나를 만드는 Mind-Set 알기'로 구성했다. '공부는 왜 하는가?'에 대한 질문을 스스로에게 하고, 답을 찾아야 한다. 나만의 꿈과 목표가 있어야 '공부는 왜 하는가?'에 답을 잘 할 수 있을 것이다. '답'은 자신에게 솔직해야 한다. 내가 주인이 되고, 주체가 되어야 자신감을 만들 수 있다. 3장에서는 '시험을 잘 보는 전략 알기'를 이야기하고 있다. 이 장을 만들게 된 이유는 아이들의 가장 큰 고민이 시험이기 때문이다. 시험을 잘 보는 전략을 알아야 한다. 공부를 열심히 한다고 시험을 다 잘 보는 것은 아니다. 실수를 많이 하기 때문이다. 그럼 실수를 줄이기 위한 방법은 무엇일까? 꼼꼼하게 본다고 실수를 줄이는 것은 아니다. 스스로 이유를 파악해야 한다. 이 또한 학생마다 모두 다른 경우에 해당한다. 시험 성적이 안 나오는 것에 대한 분석과 시험 치기 전략을 통해 시험 성적은 올라간다. 또한 공신들의 시험 전략을 엿보고 배우는 지혜도 필요하다. 3장을 통해 시험 보는 전략을 알고 준비해 보기 바란다. 4장은 학부모 편이다. 학부모 편을 만들게 된 이유는 자녀에 대한 공부 지원이 있어야 하기 때문이다. '혼자서 잘해요'가 아니다. 청소년기, 특히 사춘기에 접한 자녀에 대한 이해가 있어야 '마음 소통'을 잘 할 수 있다. '마음 소통'을 잘 해야 자녀가 사춘기를 현명하게 잘 보낼 수 있는 것이다. 가장 영향력 있는 부모의 도움이 필요한 시기이다. 그래서 부모는 '내 아이를 공부 잘하게 만드는 전략'을 알아야 한다. 부모가 전략을 알고 있으면 자녀가 부모를 의지하고, 더 높은 동기와 높이뛰기 할 수 있는 디딤돌을 마련하게 되는 것이다. '미래가 원하는 인재상! 내 아이를 어떻게 준비시킬까?'는 미래 교육에 대한 준비 내용이다. 이미 학교에서는 미래 교육이 조금씩 진행되고 있는 중이다. 전자칠판이 들어오고, 학생들은 스마트기기를 이용해서 수업을 한다. 곧 AI 디지털 교과서가 출시되면 스마트기기 하나만 들고 학교에 갈 수 있다. 무거운 가방이 없어지는 것이다. 이제 유튜브나 다른 온라인을 활용하여 공부하는 내용과 관련되어 자료를 찾는 것은 매우 쉬운 일이 되었다. 부모가 미래교육의 인재상을 알아야 내 아이의 기질에 맞게 '무엇을' '어떻게' 준비시킬 수 있을까를 알 수 있다. 학부모 편을 마련한 이유이다.

아이들이 건강하고 행복한 학교, 아이들이 건강하고 행복한 가정에서 생활하며, 공부에 대한 걱정이 없는 세상이 되길 바란다. 한 명 한 명이 자기 삶의 주인공이자, 소중하고 존엄한 존재가 되길 바라며 이 책을 준비했다.

1장

· ·

쉿!
공부하는 비밀스러운
방법 알기

"리더십과 학습은 서로 떼려야 뗄 수 없다."
— 존 F. 케네디(John F. Kennedy) —

01
공부의 원리 8가지를 파악하라

'공부를 하는 데 가장 중요한 것은 무엇이라고 생각하는가?'에 대한 답을 중학교 학생들에게 들어보았다. 내용은 다음과 같다.

> 흥미, 집중력과 지구력, 효율성, 인내심, 동기 부여, 자신감과 의욕, 자신의 의지, 공부하려는 마음, 멘탈관리, 자신을 객관화해서 보기, 남과 비교하지 않기, 자신의 약한 부분 보완하기, 주변 환경과 습관, 자신이 세운 목표와 계획 실천, 기본 개념 익히기, 문해력, 완벽하게 이해하기, 문제풀이 숙련도 및 복습, 성실성, 꾸준하게 열심히 노력하는 것, 엉덩이의 힘, 필기 및 암기, 공부량…

학생들의 답은 공부를 하는 데 중요한 원리를 쉽게 이해할 수 있게 해 준다. 이를 바탕으로 하여 공부의 원리를 파악해 보자.

공부하려는 마음가짐을 가져라

공부하려는 마음가짐을 갖게 하는 이유는 상황과 여건에 따라 각자가 다르겠지만, 가장 중요한 공부의 원리 중 하나이다. 공부하려는 마음가짐은 꿈을 향한 성공의 1단계이며, 동기를 부여하고 어려움을 극복하는 저력이 된다.

조앤 로안 롤링(Joanne Rowling)은 1965년 영국 브리스톨에서 태어난 영국의 작가로, 대중문학의 거장으로서 많은 사람들에게 사랑받는 작품인 해리 포터 시리즈의 저자로 잘 알려져 있다. 그러나 그녀의 성공은 쉽게 오지 않았다. 롤링은 해리 포터 시리즈의 첫 번째 책인 『해리 포터와 마법사의 돌』을 쓰기 위해 아이디어를 떠올릴 때, 싱글맘으로 어느 곳에도 고용된 적이 없었다. 위험에 처한 적도 있었고, 극심한 가난과 우울증으로 괴로움이 많았다. 처음에는 출판사들로부터 책 출간을 거절 받는 등 많은 어려움에 부딪혔으나 롤링은 절망하지 않았다. 그녀는 자신의 꿈을 포기하지 않는 마음가짐을 가지고 계속해서 소설을 쓰고 출판사에 보냈다. 그 결과, 해리 포터 시리즈는 엄청난 성공을 거두었고, 전 세계적으로 수많은 독자들에게 사랑받게 되었다. 이와 같은 롤링의 이야기는 꿈을 향한 마음가짐이 얼마나 중요한지를 보여 주는 본보기라 할 수 있다.

공부하려는 마음가짐을 갖기 위해서는 어떻게 해야 하는가?

첫째, 자신에게 왜 공부해야 하는지에 대한 명확한 이유를 묻고 생각해야 한다.
이를 위해서는 미래에 무엇을 하고 싶은지? 어떤 사람이 되고 싶은지?를 결정하는 것이 중요하다. 자신의 인생 비전과 목표를 세운다. 그리고 그 목표를 달성하기 위해 노력하고 실천하는 힘을 가진다.

둘째, 긍정적인 태도를 유지하는 것이 중요하다.
어려움을 마주하더라도 긍정적으로 대처하고, 실패를 통해 배우는 기회로 삼아야 한다.

셋째, 공부를 통해 자신의 지식과 기술이 향상되고 성장해 나갈 수 있다는 것을 알아야 한다.
공부를 통해 우리는 단순히 시험 점수를 올리는 것 이상의 가치를 얻는다. 공부는 우리의 삶 전반에 걸쳐 지속적인 성장을 가능하게 하며, 더 나은 미래를 준비하는 데 큰 도움이 된다.

넷째, 자신감을 가지고, 성공할 수 있다는 믿음과 가능성을 믿는다.

믿음은 개인의 삶 전반에 걸쳐 긍정적인 영향을 미친다. 이것은 단순한 지식 습득을 넘어, 자신을 믿고 더 나은 미래를 향해 나아가는 중요한 원동력이 된다.

다섯째, 공부를 위한 계획을 정하고 꾸준히 실천하는 습관을 만들어야 한다.

규칙적으로 공부 스케줄을 정하고, 그에 맞게 시간을 확보하여 일관된 노력을 기울이도록 한다.

공부에 대한 목표를 세워라

> "보통 사람들의 능력을 뛰어넘어 자신의 일에 몰입하지 않는 한 당신은 최고의 자리를 차지할 수 없다."
>
> — 성공과 몰입에 관한 격언

미래에 하고 싶은 꿈이 생기면 목표를 세우기가 쉽다. 그런데 학생들에게 "미래에 하고 싶은 꿈이 뭡니까?"라고 질문을 하면 "없어요" "몰라요"라는 대답이 많이 나온다. 그러나 걱정할 필요는 없다. 다양한 가능성이 있기 때문이다. 그리고 되고 싶은 인물이나 하고 싶은 일도 청소년기에는 수시로 바뀌기 때문이다. 토마스 에디슨은 "만일 사람들이 정해진 시간을 한 가지 방향으로만 사용하고 한 가지 목표에만 집중한다면 그들은 성공할 것이다. 문제는 사람들이 다른 모든 것을 포기하고 매달리는 단 한 가지 목표를 갖고 있지 못하다는 것이다"라고 말했다. 그만큼 목표가 중요함을 알 수 있는 말이다.

공부에 대한 목표를 세우기 위해서는 어떻게 해야 할까?

첫째, 구체적이고 명확한 목표를 설정한다.

"영어를 잘하고 싶다"보다는 "영어 단어 100개를 외우겠다"와 같이 구체적인 목표를 설정하고 "매주 영어 단어 테스트에서 90

점 이상 맞기"와 같이 구체적인 숫자를 포함한다.

둘째, 단기 목표와 장기 목표로 나누어 세운다.

단기 목표는 쉽게 달성할 수 있는 작은 단계로 설정한다. 예를 들어, "이번 주에 수학 문제집 10페이지 풀기"처럼 구체적이고 짧은 기간의 목표를 세운다. 장기 목표는 몇 달 또는 몇 년에 걸쳐 이루고자 하는 큰 목표이다. 예를 들어, "6개월 안에 영어 회화 중급 달성"과 같이 장기적인 계획을 세운다.

셋째, 공부 계획을 세워 꾸준히 실천한다.

일일 계획, 주간 및 월간 계획으로 밑그림을 그린다. 예를 들어, "매일 7시~9시까지 ○○ 공부하기" "이번 주에 역사책 한 장 읽기" 또는 "이달에 영어 회화 수업 4번 듣기"와 같은 계획을 세운다.

계획은 목표를 달성하기 위한 로드맵 역할을 하며 일과를 정하고 무엇을 공부할지를 효율적으로 파악하게 한다. 목표를 계획에 따라 잘 실천하는 동안 스스로 동기 부여를 하는 것이 중요하다. 목표를 달성함으로써 얻게 되는 좋은 점을 생각하고, 자신에게 '잘할 수 있다'라고 칭찬하며 자신을 신뢰하는 태도를 유지한다. 목표를 실천하는 중에 어려움과 실패가 있을 수 있다. 이때는 초심으로 돌아가 '왜 이런 목표를 세웠는가'를 되돌아보고 어려움을 극복하려는 의지가 중요하다.

공부할 과목의 기본 개념을 익혀라

"기본기가 좋으면 좋은 결과를 얻을 수 있다."

— 마이클 조던

괴테는 "개념을 일반적으로나 대략적으로만 알고 자만하면 끔찍한 불행을 가져올 수 있다"고 했다. 개념은 공부의 간단한 원리 중 꼭 익혀야 할 중요한 부분이다. 어떤 주제나 과목에 대한 핵심적이고 중요한 개념을 '기본 개념'이라고 정의한다. 기본 개념은 해당 주제나 과목의 기반이 되며, 이를 이해하고 숙지함으로써 전반적인 이해도를 높일 수 있다. 예를 들어, 수학에서의 기본 개념은 덧셈, 뺄셈, 곱셈, 나눗셈이나 방정식, 부등식 등이 될 수 있다. 이러한 기본 개념을 이해하고 숙지해야 수학적 문제를 해결하고 더 복잡한 개념을 공부할 수 있다. 과학에서는 원자론, 분자구조, 에너지 등이 기본 개념에 해당하며, 역사에서는 주요 사건과 인물, 사회 구조 등이 기본 개념에 속한다.

공부할 과목의 기본 개념을 익히기 위해서는 어떻게 해야 할까?

첫째, 교과서나 학습 자료들을 확인한다.

각 장의 요약이나 주요 내용을 살펴보면서 전반적인 틀을 파악할 수 있다.

둘째, 과목에서 사용되는 주요 용어들을 정리하고 그 의미를 이해한다.

의미를 이해하기 위해 한컴 사전이나 네이버 사전 등 사전을 활용하도록 한다.

셋째, 과목의 기본 개념을 시각적으로 정리하기 위해 개념 맵(Concept Map)을 작성한다.

개념 맵은 주요 개념들을 원이나 상자로 나타내고, 연결선으로 관계를 보여 준다. 시각적이며 복잡한 개념을 쉽게 이해하도록 해 주며 기억할 수 있도록 도와준다. 개념 맵은 계층적 구조를 가지며 일반적인 개념이나 상위 개념이 상단에 위치하고 이에 대한 하위 개념들이 하단에 위치한다. 개념 맵은 학습자들이 새로운 개념을 이해하고 기존 지식을 조직화하는 데 도움을 줄 뿐만 아니라, 그들 간의 의사소통을 촉진하고 지식을 공유하는 데에도 유용하다.

이러한 방법들을 통해 과목의 기본 개념을 효과적으로 익힐 수 있다. 과목마다 학습 방법이 조금씩 다를 수 있으니 자신에게 가장 효과적인 방법을 찾아서 활용하도록 한다.

공부하는 내용에 흥미를 느껴라

어떤 과목의 내용에 특별한 관심을 갖게 되는 것이 흥미인데, 자신의 관심과 거리가 먼 것은 흥미를 갖기가 어렵다. 흥미가 있는 과목만 공부를 하면, 다른 과목이 길러주는 다각적 관점과 지식을 얻지 못하고 편협한 사람이 될 수 있다.

공부하는 내용에 흥미를 느끼게 하는 방법은 무엇일까?

첫째, 관련성을 이해하는 것이다.
공부하는 내용이 왜 중요하고, 실생활에서 어떻게 적용되어 어떻게 현실과 연결되는지를 알게 하는 것이다.

둘째, 호기심을 자극하는 것이다.
흥미로운 질문을 던지고 그에 대한 답을 찾아보는 것은 학습을 더욱 흥미롭게 만들 수 있다.

셋째, 직접 실습과 경험을 해 보는 것이다.
이론적인 부분뿐만 아니라 실제로 해 보는 것을 통해 경험하고 결과를 보는 과정이 중요하다.

넷째, 다양한 자료를 활용해 보는 것이다.
책, 유튜브, 인터넷 자료 등 다양한 매체를 활용하여 학습하면 흥미뿐만 아니라 다양한 관점을 얻을 수 있다.

다섯째, 주제에 대해 다른 사람들과 토론하고 의견을 나누는 것이다.
다른 사람들의 이야기를 듣고 자신의 의견을 드러내어 나타내는 일련의 과정을 통해 즐거움을 느낄 수 있다. 이러한 다양한 방법들을 활용하여 공부하는 내용을 더욱 흥미롭게 만들 수 있다.

예전에 평범이라는 학생은 학교에서 과학 수업을 듣는 동안 항상 지루하고 어려웠다. 실험을 하고 이론을 이해하는 것이 그에게는 어려운 일로 느껴졌고, 과학에 흥미를 느끼지 못하던 어느 날, 학교에서 주최하는 과학 프로젝트 대회에 참가하게 되었다. 이 대회는 학생들이 자신의 관심사나 궁금증을 바탕으로 과학적인 주제를 연구하고 발표하는 것이 목표였다. 처음에는 이 대회에 참가하는 것이 관심이 없었지만, 친한 친구를 따라 참가해 보기로 결심했다. 평범이는 평소 자신의 관심사인 음악을 과학에 결합하는 아이디어를 생각해 내었고 그것을 연구 주제를 선정했다. 음악이 인간의 감정에 미치는 영향을 조사했다. 이를 위해 각종 음악을 들려주고 응답자들의 심리적 반응을 측정하는 실험을 진행했다. 실험 결과를 분석하고 결론을 이끌어내는 경험을 통해 평범이는 과학이 지루하고 어려운 것이 아니라 흥미롭고 창의적인 것임을 깨달았다. 그 이후로 과학에 대한 호기심을 가지고 새로운 세계를 탐험하는 재미를 발견하는 과학자를 꿈꾸게 되었다.

공부는 꾸준하게 열심히 노력해라

우리가 무엇이든 하려고 할 때, 여러 길을 시도하다가 포기하지 않고 한 길을 선택하여 집중하고 끝까지 노력하면 결국에는 성공할 수 있다. 공부도 마찬가지이다. 많은 시도를 하다가 포기하지 말고, 공부에 집중하고 꾸준히 노력한다면 성공할 수 있다. 다음과 같은 이야기가 있다.

「옛날 옛적, 산속 깊은 곳에 작은 사슴 한 마리가 살고 있었습니다. 이 사슴은 매우 활발하고 호기심이 많아 매일 새로운 곳을 탐험하곤 했습니다. 어느 날, 사슴은 아름다운 꽃밭을 발견하고 그곳에서 노래하는 새들과 함께 시간을 보내기 시작했습니다. 그러나 갑자기 사슴은 뒤에서 다가오는 사냥꾼의 발소리를 들었습니다. 깜짝 놀란 사슴은 도망치기 시작했습니다.

사슴은 눈앞에 보이는 여러 길들을 보았습니다. "이 길로 도망가면 안전할까?" 사슴은 생각했습니다. 첫 번째 길은 숲속으로 이어지는 좁은 오솔길이었습니다. 사슴은 그 길로 뛰어들었지만, 얼마 지나지 않아 길이 막히고 말았습니다. 사슴은 다시 뒤돌아 나와 다른 길을 찾기 시작했습니다. 두 번째 길은 계곡을 건너는 다리였습니다. 사슴은 용기를 내어 다리

공부 잘하는 레시피

를 건너려고 했지만, 다리가 무너져 더 이상 갈 수 없었습니다. 사슴은 점점 지쳐갔지만, 포기하지 않고 계속 다른 길을 찾았습니다. 마침내, 사슴은 자신에게 가장 익숙하고 넓은 길을 발견했습니다. 이 길은 산꼭대기로 이어지는 길이었습니다. 사슴은 이 길이 험난하다는 것을 알았지만, 여기서 멈출 수 없었습니다. 사슴은 깊게 숨을 들이쉬고, 온 힘을 다해 그 길을 오르기 시작했습니다. 길은 가파르고, 중간중간 바위들이 가로막고 있었지만 사슴은 포기하지 않았습니다. 몇 번이고 미끄러지고 다쳤지만, 사슴은 계속해서 오르고 또 올랐습니다.

마침내, 사슴은 산꼭대기에 도달했습니다. 거기서 사슴은 아래를 내려다보며 자신이 얼마나 멀리 왔는지, 얼마나 많은 어려움을 극복했는지를 깨달았습니다. 이제 사냥꾼의 위협에서 벗어났다는 것을 알게 된 사슴은 뿌듯함과 성취감을 느꼈습니다.」

우리도 현명한 사슴이 되어 보자. 그러려면 할 수 있는 여러 길을 찾아보고 전력을 기울이며 꾸준하게 열심히 노력해야 한다. 이것은 공부의 성공을 이루기 위한 원리의 핵심 요소이다.

공부를 꾸준하게 노력하는 방법은 무엇이 있을까?

첫째, 구체적이고 정확한 목표를 세우는 것이다.
목표는 내가 할 수 있는 범위 내에서 측정 가능하고 현실적이어야 한다.

둘째, 하루 일정을 계획하는 것이다.
공부할 수 있는 시간을 일정하게 유지하고, 주어진 시간 동안 집중하여 공부한다.

셋째, 자기관리를 하는 것이다.
이를 위해 건강한 생활 습관을 유지하고 충분한 휴식과 수면을 취하고 규칙적인 운동, 영양 있는 식사를 한다. 또한 어려움과 도전에 부딪혔을 때 스트레스를 관리하며 포기하지 않고 인내심을 가지고 어려운 문제를 해결해 가도록 한다.

넷째, 스스로에게 동기를 부여하는 것이다.
작은 목표를 달성했을 때 거울을 보며 'ㅇㅇ야, 너무 잘했어.'

이렇게 스스로를 칭찬하고 자신감을 북돋게 하면 용기가 생겨 더욱 노력할 수 있는 계기가 된다.

다섯째, 자기에게 맞는 공부 방법을 찾는다.

다양한 공부 방법 중 효과적인 결과가 나올 수 있는 것이 무엇인지를 알아내고 자기 공부 능력 향상을 위해 적용해 본다.

공부하다가 일정한 휴식 시간을 가져라

"일의 효율을 높이는 가장 좋은 방법은 때때로 휴식을 취하는 것이다."
— 사무엘 스마일즈

학교 일과를 마친 후에 쉬지도 않고 교문 앞에서 학원 차를 기다리는 학생들을 종종 목격한다. 게다가 손에는 암기할 프린트물을 들고 있다. 공부 스케줄대로 빡빡하게 사는 학생들이 많다. 공부를 꾸준하게 열심히 하는 것도 중요하지만, 우리는 기계가 아니기 때문에 휴식 시간이 필요하다.

나만의 자유로운 휴식 시간을 보내기 위해서는 어떻게 해야 할까?

첫째, 휴식 시간에 가장 좋아하는 것을 하여 나에게 때때로 보상을 준다.

누워 있는 것을 좋아하면 누워서 쉬거나, 음악을 듣는다. 과일이나 과하지 않은 간식을 먹어 기운을 나게 해 주는 것도 좋다. 달콤한 휴식 시간에 게임을 하거나 휴대폰을 보면 집중에 방해가 되므로 될 수 있으면 공부가 다 끝난 후에 하는 것이 좋다. 단기적인 휴식 시간은 공부와 병행하므로 1시간 공부한 후에 10분 정도 휴식을 취하는 일정을 설정할 수 있다. 이때는 타이머를 활용하는 것도 좋다.

둘째, 휴식 시간에 어떤 활동을 할 것인지 계획한다.
스트레칭을 하거나 앉았다 일어나는 스쿼트를 해서 근육의 긴장을 풀어주고 기분을 전환한다. 또한 짧은 산책 하면서 신선한 공기를 마시고 자연을 감상하여 마음을 편하게 해 주는 등의 활동을 통해 몸에 생기를 돋게 하고 뇌를 쉬게 할 수 있다.

셋째, 공부할 때 가장 많이 쓰는 눈을 쉬게 해 준다.
눈을 편안하게 해 주고 쉬게 하는 활동을 통해 눈의 피로를 줄일 수 있다. 예를 들어 눈을 감고 1분 정도 동안 깊은숨을 들이마시고 내쉬며 눈을 편안하게 해 본다. 손바닥을 비벼서 따뜻한 기운을 만든 후 눈 주위를 부드럽게 마사지하여 눈 주위 근육을 이완시키고 피로를 줄일 수 있다. 따뜻해지는 눈 안대를 이용해도 좋다. 창문을 통해 멀리 있는 풍경이나 나무 하늘 등을 바라보는 것도 눈을 편안하게 해줄 수 있다.

이러한 방법을 통해 공부와 휴식을 적절히 균형 있게 유지하면 효율적으로 공부할 수 있다. 일정한 휴식 시간을 가짐으로써 몸과 뇌를 편안하게 유지하고, 더 나은 공부 성과를 얻을 수 있다.

공부할 수 있는 신체 건강을 다져라

페이스북의 창업자이자 CEO인 마크 저커버그(Mark Zucker-berg)는 매주 수십 마일을 달리고, 운동을 통해 스트레스를 푸는 등의 활동을 통해 뇌를 활성화하고 효율적인 사고를 이끌어냈다고 한다. 공부하는 모든 사람이 공통으로 통과해야 하는 과목이 있다면 '체력'일 것이다. 많은 성공한 사람들이 공부를 위해 신체 건강에 힘쓰고 있다.

그럼 공부할 수 있는 신체 건강을 다지는 데는 어떤 것들이 있을까?

첫째, 틈틈이 하는 스트레칭과 운동이 있다.
공부하기 전에 어깨 돌리기 등을 통해 몸을 풀어주는 스트레칭은 뭉친 근육을 풀어주고 뇌를 깨운다. 운동은 유산소 운동과 가벼운 근력 운동이 좋다. 유산소 운동은 산책이 대표적이다. 근력 운동은 역기, 스쿼트, 푸시업(push-up) 등이 있어 혈액 순환을 활성화시켜 뇌에 산소를 공급하여 뇌 활동을 촉진시킬 수 있다. 또한 공부하다가 한 시간 간격으로 가볍게 그 자리에서 일어나 왔다 갔다를 반복해 주는 방법도 있다.

둘째, 영양가 있는 균형 잡힌 식사이다.

공부라는 뇌 활동은 에너지를 많이 필요로 한다. 채소, 과일, 단백질 등을 균형 있게 섭취하여 신체 건강을 유지해야 한다. 인스턴트식품은 대부분 달고 짜고 기름지며 인공 첨가물이 많이 들어가 있다. 그리고 열량이 높아 앉아 있는 시간이 많은 공부하는 사람은 비만으로 이어지고 당뇨, 고혈압 환자가 될 수도 있다. 가능하면 신선한 식재료가 들어간 음식을 섭취하는 것이 좋다.

셋째, 충분한 휴식을 취한다.

하루에 잠은 7시간 정도 자면 좋다. 수면은 집중력과 기억력을 높이고, 공부 효율성도 높아진다. 시험이 다가오면 집중해서 한 번에 공부하며 잠을 줄이는 학생들이 많다. 벼락치기, 밤새움 등의 집중 공부는 시간을 나누어 꾸준히 공부하는 분산 공부에 비해 쉽게 공부한 내용을 잊어버리기 쉽다는 연구 결론도 있었다. 당연히 신체 건강에도 좋지 않다. 매일 일정한 휴식과 꾸준히 공부가 중요함을 알 수 있다.

넷째, 스트레스를 잘 관리한다.

공부하다 보면 잘 외워지지 않고, 문제도 잘 풀리지 않는 날도 있고 여러 가지 이유로 화가 나는 경우도 있다. 이럴 때는 운동이 최고이다. 걷기, 농구, 조깅, 요가 등 다양한 활동을 통해 스트레스를 해소하고 마음을 편하게 만든다. 그리고 자기가 좋아하는 취미 활동으로 즐거운 시간을 보내는 것도 좋다. 마음에 맞는 친구와 이야기를 나누는 것도 좋은 방법이다. 부정적인 생각이 들 때 자기 자신에게 스트레스를 받은 이유를 질문하며 긍정적인 생각으로 바꿀 수 있도록 노력한다.

이러한 다양한 활동들을 통해 신체 건강을 유지하고 공부에 집중할 수 있는 에너지를 얻을 수 있다. 또한 자기의 상황과 건강 상태에 맞춰 적절한 운동 및 식습관을 선택하는 것이 중요하다.

공부할 수 있는 집중력을 길러라

집중력을 기르면 다양한 측면에서 개인의 능력과 성과를 높이는 데 도움이 된다. 집중력을 향상시키려는 노력은 개인의 성공과 만족도를 높이는 데 중요한 요소라고 할 수 있다. 스티브 잡스는 애플을 창업할 때 혁신적인 기술 제품을 개발하여 세계를 변화시키는 것을 목표로 하고, 자신의 비전을 이루기 위해 극도로 높은 집중력을 발휘하여 포기하지 않고 끊임없이 노력했다고 한다. 스티브 잡스는 애플 제품의 세밀한 디자인과 좋은 성능을 최적화하기 위한 집중과 열정으로 성공할 수 있었다.

그럼 집중력을 기르려면 어떻게 해야 할까?

첫째, 집중할 시간대를 정한다.

공부할 목표를 설정하고 계획한 이후에 집중하기 좋은 시간대를 파악하여 공부하면 집중력을 유지하기가 쉽다. 자신에게 가장 적합한 시간대를 찾아내어 공부에 집중할 수 있도록 환경을 만든다.

둘째, 공부를 짧은 시간 간격으로 나누어서 한다.

짧은 시간 동안 집중해서 공부한 후 짧은 휴식을 취하고 다시 공부하는 방식으로 집중력을 키워 나간다.

셋째, 집중할 수 있는 환경을 조성한다.

공부하기에 적합한 조용하고 정리된 공간을 공부방으로 정한다. 아무도 없는 자기 방을 이용해서 공부하거나 요즈음은 스터디카페에 학생들이 많이 찾아 간다. 스터디카페에서 백색소음으로 노래를 들으며 공부하는 경우도 종종 있다. 자기만의 공부 스타일로 잡다한 소음이나 방해 요소가 없는 환경에서 공부하면 집중력을 높일 수 있다.

넷째, 정신 건강을 잘 유지한다.

긍정적인 생각을 갖고 충분한 휴식과 수면을 취하며 건강한 식습관을 지속한다. 정신적으로 피로하지 않고 건강하면 집중력을 유지하기가 쉬워진다.

다섯째, 자기관리 능력을 키우고 스스로에게 칭찬을 한다.

수업 시간에 집중을 잘했거나 시간을 계획한대로 효율적으로 썼을 때 스스로에게 칭찬을 하며 마음을 잘 다스리면 자기효능감이 높아져서 집중을 잘 할 수 있게 된다.

이러한 방법들을 통해 집중력을 향상시키고 효과적인 공부를
할 수 있다. 집중력은 공부하는 데 가장 중요한 요소로 일상에서
실천하며 자신에게 맞는 방법을 찾아보는 것이 좋다.

공부 잘하는 레시피

02
Three Place의 효과적인 공부 방법을 알라

    자기만의 효과적인 공부 방법을 한 가지만 소개해 달라고 중학교 학생들에게 물어보았다. 학생들이 자기만의 필살기 공부 방법을 말한 내용을 참고해 보면, 어떻게 공부하는지 배울만한 것들이 많을 것이다. 현재 자기 자신의 공부 방법과 비교하여 생각해 보면 좋다.

- 수업 시간에 집중을 잘하기. 학교에서 머리를 많이 쓰기 때문에 집에 오면 잠자며 휴식함
- 상황을 만들어 외우고 소설책같이 상상하여 암기하기
- 옆에 불편한 사람을 데려다 놓으면 핸드폰을 못 보게 됨(개방적 스터디카페)
- 말 만들어서 외우기(to 부정사 사용 단어: 나 like- 너 love- 싫어해 hate)
- 단어를 그룹으로 묶고 외우고, 다음 그룹을 외운 뒤 처음으로 가서 테스트해 보고 그다음 그다음 식으로 외우면 확실하게 외울 수 있다.
- 머릿속에 이야기를 만들며 암기한다.
- 매일매일 계획 세우기
- 지루하면 딴 과목으로 바꾸기
- 하루 만에 10장 풀기보다 10일 동안 1장씩 푸는 게 좋음. 정말 1문제씩이라도 매일 푸는 게 능숙해지는 데 훨씬 도움이 됨
- 3주 전 교과서를 읽고 2주 전 필기를 끝내고 1주 전 문제 풀기 및 암기를 함

- 설명하듯이 공부하기

- 가상의 상황을 만들어 암기

- 소리 내면서 읽고 같이 필기하기

- 수업 끝나자마자 수업한 내용을 요약해서 머리에 넣기(복습하기)

- 공부 전에 마음을 가라앉힘

- 밤 11시에 꼭 자고, 아침 7시에 꼭 일어나서 공부하는 것

- 노래를 들으며 한다

- 개념 정리 노트 만들기

- 이해가 안 되면 끝까지 하기

- 수학은 문제를 많이 풀고 어려운 문제는 계속 생각해 본다 (많이 들은 노래를 들으며 하면 배경 소음에 신경이 안 쓰여 더 잘된다)

- 꾸준히 암기만 하며, 수업 시간에 집중해서 중요 내용 체크하기

- 공부가 안될 때 휴식 명상을 하며 신경이 편안해지면 천천히 공부를 시작함

- 나에게 주어진 시련(영어 공부가 싫을 때: 해야지 어쩌겠어, 주어진 숙명인데…)을 받아들이는 마인드

- 개념 이해를 중심으로 수업을 들으면 암기보다 훨씬 더 효율적인 문제 풀이가 가능함

- 동생이나 가족에게 내가 배운 내용을 정리하듯이 가르쳐보는 것. 가르치면서 내가 어떤 점의 설명이 부족한지, 그리고 내가 개념을 체계적으로 알고 있는지 확인할 수 있었다. 또한 질문을 받을 때 그 답에 대해 생각해 보게 된다. 이렇게 가르치는 것은 스피치 능력 또한 기를 수 있다.

- 양심적으로 하기(쉴 때까지 쉬고 '좀 심했나'란 생각이 들 때 공부를 시작해 양심에 찔리지 않는 때까지 한다)

- 새로운 개념에 대해 설명, 수업을 들은 후 자신만의 언어로 스스로 정리하면 완전히 이해

- 집중이 되지 않을 때는 소리 내어 읽으면서 문제 풀기, 개념을 완성하기 위한 문제 풀이 및 오답 노트

- 영어 단어를 여러 번 반복해서 발음하면서 외우고, 시험 보기 전 간이테스트 보기

- 저는 암기 과목은 이해를 통해 외워야 한다고 생각합니다. 저는 2학년 1학기에 과

학을 정말 못했습니다. 내용을 하나도 모르는데 무작정 외웠기 때문입니다. 그러나 2학기에는 많이 선생님께 물어 보고 시간을 투자해 모든 내용을 이해하여 더 나은 성적이 나왔습니다.

- 매일매일 공부할 일을 정해 꾸준히 하기
- 수학과 과학은 문제를 많이 풀고, 다른 암기 과목은 말하고 쓰고 서로 질문하면서 완벽하게 암기하기
- '왜'인지를 이해하며 공부하기
- '폰' 배터리 없이 공부하기
- 꾸준하고 효율적인 복습
- 50분 공부하고 10분 쉬기 반복
- 놀 때는 놀고 공부할 땐 공부하기
- 명상 후 시작
- 핸드폰 끄고 시간 정해 공부하기
- 만약 수학이라면 하나의 공식을 자신의 방법대로 이해를 먼저 하는 게 오래 남아 다른 과목들도 이해하려고 노력함. 즐기며 공부하기
- 스터디카페 가서 노래 들으며 혼자 공부하기
- 오독오빈(5번 읽고 5번 빈칸 뚫으며 확인) 및 영어 단어 소리 내어 외우기
- 풀었던 문제 다시 풀고 개념 다시 보기, 틀린 문제를 해석하고 비슷한 유형 위주로 푼다 - 어려운 부분을 반복해서 내 것으로 만들기 및 집중해서 공부
- 수업 잘 듣기 및 국어는 교과서 그냥 외우기 영어는 본문 암기 수학은 문제 많이 풀어보기, 과학과 사회는 암기하기, 마인드맵 정리하고 교과서 중요내용 형광펜으로 칠하고 지문 읽기 지문 개념 특징 정리
- 집이 아닌 장소에서 공부하고 암기할 때 비슷한 것과 연관 짓기(영단어)
- 노트 정리(내용을 세부적으로 읽어보면서 뇌에 각인) 및 백지 시험(암기 과목의 경우 소제목만 적어 놓고 아는 내용을 적고 다른 색 펜으로 모르는 내용을 채우는 방법) 및 프린트 복습(교과서 내용 완벽 숙지 후 프린트나 추가 자료를 다시 풀어 보면 더 잘 이해 되고 선생님께서 중요하게 생각하는 내용들을 알 수 있음)
- 친구랑 퀴즈 내서 맞추기, 수업을 열심히 듣기, 반복
- 모든 개념을 한번 훑고 처음부터 풀면 각 단원이 머릿속에서 융합됨

- 개념 정확히 알기 및 선생님 말 잘 듣기, 교과서 학습을 완료하고 아무것도 없는 백지에 복습하기, 개념 이해, 교과서에 밑줄긋기, 시간을 정하고 푼다, 책을 여러 번 읽기, 암기, 중간에 핸드폰 켜지 않기

효과적인 공부 방법은 사람마다 제각각이지만 단순히 공부 시간을 늘리려고 하는 학생들이 많고, 공부의 효율성에 관해서는 신중하게 생각하는 학생들이 의외로 적다. '공부의 신'이라는 분들 중에는 본래 머리가 좋은 사람도 있다. 하지만 나는 효과적인 공부 방법을 필사적으로 터득하여 좋은 결과를 얻을 수 있었다고 생각한다.

공부 방법 점검을 하면 현재 나의 공부 방법을 알 수 있고, 고쳐야 할 부분을 확인하고 수정해 보자.

〈공부 방법 점검 문항〉

✦ 다음에 ○, ×로 답해 보세요.

1. 공부 계획
▫ 공부를 시작하기 전에 구체적인 공부 계획표를 작성한다. (   )
▫ 주간 및 월간 학습 목표를 설정한다. (   )
▫ 하루 공부 시간을 일정하게 유지하려고 노력한다. (   )

2. 학습 환경
▫ 공부하는 장소를 정리하고 집중할 수 있는 환경을 조성한다. (   )
▫ 공부에 필요한 모든 자료와 도구를 미리 준비한다. (   )
▫ 스마트폰과 같은 방해 요소를 멀리한다. (   )

3. 공부 방법
▫ 이해하지 못한 내용을 반복해서 공부한다. (   )
▫ 노트 필기를 통해 중요한 내용을 정리한다. (   )
▫ 학습 내용을 요약하여 복습한다. (   )
▫ 다양한 학습 자료(책, 참고서, 온라인 강의 등)를 활용한다. (   )

4. 시간 관리
▫ 공부할 때 집중 시간을 정하고, 중간에 짧은 휴식을 취한다. (   )
▫ 우선순위를 정해 중요한 과목이나 내용을 먼저 공부한다. (   )
▫ 마감 기한이 있는 과제를 미리 완료하려고 노력한다. (   )

5. 자기 평가
▫ 정기적으로 자신의 학습 진도를 점검하고 평가한다. (   )
▫ 모의시험이나 퀴즈를 통해 학습 내용을 확인한다. (   )
▫ 공부한 내용을 다른 사람에게 설명해 본다. (   )

6. 동기 부여

□ 공부 목표를 명확히 하고, 목표 달성을 위한 동기 부여 방법을 찾는다. (　　)

□ 작은 성취를 이루었을 때 자신에게 보상을 준다. (　　)

□ 긍정적인 자기 대화를 통해 자신감을 유지한다. (　　)

〈공부 방법 점검 후 수정할 내용 적어보기〉

-
-
-
-
-
-
-
-

　장석우 님의 책인 『공부의 달인 되기 프로젝트』에 보면 고등학생 5천여 명을 대상으로 "공부는 어디서 할 때 효과적이냐?"를 설문했다. 결과는 집에서 혼자 할 때가 34.4%, 학교 도서관 및 독서실에서 할 때 30.7%, 학원 14.3%, 기타 20.6%였다. 따라서 공부의 중요한 장소인 집, 학교, 학원 등 Three Place의 효과적인 공부 방법을 구체적으로 살펴보자.

집에서의 효과적인 공부 방법

집은 공부와 아울러 쉴 수 있는 장소이다. 학교와 학원 등에서 공부를 마치고 피곤한 몸을 누일 수 있는 곳이다. 또한 안정적이고 마음이 편해서 공부할 수 있는 최적의 장소이다. 하지만 편한 만큼 게을러지기 쉬운 곳이기도 하다. 집에서 게임이나 텔레비전 시청, 핸드폰 보기, 잠자기 등의 유혹으로부터 벗어나 할 수 있는 효과적인 공부 방법은 무엇일까?

첫째, 오늘 계획한 공부를 내일로 미루지 말라.

이를 위해서는 정신력을 강화해야 하는데 스스로가 '왜 내가 공부하는가?'에 대한 이유를 말할 수 있어야 한다. 오늘 공부할 양을 정해 구체적이고 현실적인 계획을 세워 목표를 달성하면 뿌듯한 마음과 자신감이 생기게 된다. '내일도 있으니, 오늘은 여기까지만'이란 마음이 생기면 다시 '지금의 이 시간은 다시 돌아오지 않는다'란 생각을 해 본다. 계획을 세우고 미루지 않고 실천하여 성공한 사람 중 하나인 일론 머스크의 이야기가 있다. 일론 머스크는 테슬라, 스페이스X, 솔라시티 등의 기업을 창업한 기업가로, 혁신적인 기술과 비전을 통해 세계를 변화시키고 있다. 머스크의 성공에는 여러 요인이 있지만, 그의 뛰어난 계획과 내일로 미루지 않는 실행 능력이 핵심 요소 중 하나이다. 일론 머스크의 우주여행에 대해 가장 유명한 프로젝트는 스페이스X를 통한 우주 탐사이다. 스페이스X는 우주선인 '스타십'을 개발하여, 화성이나 달로 우주여행을 계획하고 있다. 이러한 우주여행은 머스크의 비전과 목표 중 하나로, 인류의 우주 탐사에 새로운 시대를 열 것으로 기대하고 있다.

계획한 공부를 하다가 잘 안되면 다음 날의 과목과 바꿔서 공부하는 방법도 있다. 새로운 과목으로 주의를 환기시켜 계획한 공부 목표를 달성하도록 한다. 그리고 실천을 잘하기 위해 모든 과목에 적절한 시간을 안배하여 특정 과목에만 치우치지 않게 꼼꼼하게 공부 계획표를 구성한다. 자신만의 집중이 잘되는 시간에는 어려운 과목을 선택하고, 긴 시간 공부는 효율성과 집중력이 떨어지므로 한 시간 내외의 공부 계획을 추천한다. 마지막으로 오늘의 계획과 실천을 무엇을 잘했는지 무엇을 못했는지 짧게 체크해서 반성하고 다음 계획에 반영한다.

둘째, 예습과 복습을 꼭 하라.

『공부의 달인 되기 프로젝트』의 장석우 님은 수십 편의 논문과 문헌 조사 시 공부 잘하는 비결의 공통점은 예습과 복습이라고 하였다. 예습과 복습은 그만큼 중요하다. 효과적으로 공부하기 위한 예습과 복습 방법을 살펴보자.

예습은 수업 시간에 더 잘 알아듣고 이해하기 위하여 공부할 내용을 미리 파악하는 것이다. 수업 내용에 대한 기본 개념을 이해한다. 관련 자료를 찾아서 사전에 공부해 보고, 이전에 배운 내용과 새롭게 배울 내용을 연결해 본다. 또한 '이 부분은 선생님께 물어봐야지'라고 이해하지 못한 부분을 표시해 두었다가 선생님께 수업 시간에 질문한다.

예습하는 방법은 교과서를 위주로 하되, 먼저 대단원과 그 속의 중단원의 제목을 살펴본다. 그리고 중단원의 학습 목표를 읽어 공부할 핵심을 파악한 후 본문의 글들을 읽으며 이해한다. 단원이 끝나면 활동하기의 문제를 풀고 스스로 핵심 내용을 정리한다.

복습은 수업이 끝나고 선생님에게 배운 내용을 다시 한번 공부하는 것이다. 개념을 요약하고 중요한 부분을 표시해 놓는다. '내가 오늘 무엇을 배웠지?' '선생님이 중요하다고 한 것은 무엇이지?' 등을 스스로 질문하며 공부해 본다. 또한 자신만의 복습 노트를 만들어 배운 내용을 정리하면서 중요한 부분은 빨간 펜으로, 부족한 부분은 파란색으로 표시하여 두면 시험을 준비할 때 많은 도움이 된다. 시간을 안배하여 문제를 풀어 개념 정리를 해 보고 이해를 했는지를 체크해 본다. 이러한 예습과 복습은 학습 효율을 높이고 장기적인 기억에 도움을 준다. 꾸준한 노력이 중요하니 계획을 세우고 실천하는 것이 좋다. 실천 계획표를 참고하라.

	과목	시간	범위	실천 여부 체크
예습				
복습				

셋째, 3위 일체 방법으로 공부하라.

눈으로는 보고, 입으로는 설명하듯 중얼거리며, 손으로는 쓰는 3위 일체 공부 방법이다. 눈, 입, 손을 활용하여 공부하면 여러 가지 쓸데없는 생각을 막고 집중도를 높여 주어서 암기력과 집중력을 높일 수 있다. 손으로 쓰면서 외울 때에는 모든 내용을 다 쓰는 것이 아니라 핵심어 또는 중요한 내용을 중심을 쓴다. 또 3위 일체 방법을 잘 활용하려면 공부한 내용을 대상을 두고 설명해야 한다. 가족이나 친구를 앞에 두고 공부한 내용을 설명하는 것이다. 이 방법은 내가 공부한 내용을 확실하게 이해했는지를 점검해 볼 수 있다. 물론 설명을 들어준 가족이나 친구에게는 고마운 표시를 해야겠다. 가족이나 친구 등의 대상이 없으면 스스로에게 질문하고 설명을 해라. 스스로에게 질문과 설명을 하다 보면 이해되는 것과 이해되지 않는 것을 스스로 찾아낼 수 있다.

넷째, 공부하는 일정한 장소와 시간대를 정해라.

흔히 자기 방에서 공부를 하는데, 침대가 방에 있어 눕기 쉽다. 누워서 쉬다가 스마트폰을 꺼내게 보게 되는 등 다른 데에 관심을 두다 보면 공부 흐름이 단절되는 경우가 흔하다. 스마트폰 사용 등 인터넷 사용을 자제할 수 있는 방법을 생각해 내야 한다. 자기 방에서 공부를 할 때는 지켜야 할 사항 등을 크게 써 붙여 주면 효율적이다. 정신력을 강하게 발휘할 기회이다. 또한 밝은 조명과 편한 의자를 준비하여 집중할 수 있는 환경을 조성해야 한다. 그리고 규칙적인 스케줄표를 작성하여 일정하게 공부하는 시간대를 지켜야 한다. 시간대와 장소를 일정하게 정해 공부하는 패턴이 생기면 그 시간대와 장소에서는 몸이 저절로 움직이게 된다.

다섯째, 책을 많이 읽어라.

공부하는 시간 이외에 여유 있는 시간이 생기는 주말이나 방학 기간에는 평소 읽고 싶은 책들을 읽는 시간을 가져야 한다. 독서를 하면 교과서 외 다양한 지식을 얻을 수 있고, 책 속에서 다양한 경험을 할 수 있다. 다양한 간접 경험은 생각하는 능력과 문제 해결 능력을 높여 주고 두뇌 활동도 촉진된다. 또한 부족한 어휘력과 문해력이 증진된다. 새로운 단어와 표현을 알면서 어휘력이 늘고 뜻을 이해하게 되어 공부에 많은 도움이 된다. 요즘 단어의 뜻을 몰라서 문해력이 많이 떨어지는 경향이 있다. 문해력이 떨어지면 학습 능력도 당연히 떨어진다. 문장의 뜻을 알아야 하는데, 무슨 말인지 모르는 경우가 있어 가르치는 선생님들도 단어 뜻풀이를 하다가 수업의 많은 부분이 지나간다고 한다. 미국의 오프라 윈프리(Oprah Winfrey)는 토크쇼 호스트로 유명한데 독서를 통해 자기 계발과 성장을 추구하는 것으로 유명하다. 그녀는 자신의 독서 클럽을 통해 많은 사람에게 책을 소개하고, 독서의 중요성을 강조하고 있다. 또한 빌 게이츠(Bill Gates)는 마이크로소프트를 창업한 기업가로서, 다양한 주제의 책을 많이 읽는 것으로 유명하다. 그는 매년 독서 목록을 공개하여 다른 사람들과 자신의 읽기 경험을 공유하고 있다. 이 외에도 많은 성공한 인물들이 독서를 통해 지식을 쌓고 자기 발전을 이루고 있다. 독서를 통해 공부에 꿈을 담아라.

학교에서의 효과적인 공부 방법

> "설명만 들어서는 절대 자기 것으로 만들 수 없다. 스스로 배운 것을 이해해 자기 것으로 만들어야 공부했다고 말할 수 있다."
>
> — 저자

하루의 대부분을 보내는 학교에서의 공부 방법은 매우 중요하다. 학교생활의 모든 일과표(시간표)가 수업 시간으로 짜여 있어 그 시간을 어떻게 보내느냐에 따라 교과 성적은 물론 선생님, 친구들과의 관계도 달라진다. 학생 인생의 성공 여부가 학교생활에 달려 있다. 그럼 효과적으로 학교생활을 잘하며 공부하는 방법을 알아보자.

첫째, 읽은 것을 이해하라.

읽기(Reading)는 단순히 글자를 인식하는 것으로, 내용을 이해하지 않고 그냥 문장을 따라 읽은 것을 뜻한다. 따라서 읽기는 내용을 이해하거나 재해석하지 않는다. 이해(Understanding)는 읽은 내용을 파악하고 어떤 의미를 가졌는지를 파악하는 것이다. 즉 읽은 것에 대한 지식을 내가 알고 있는 지식과 연관시켜 보고, 새로운 개념이나 지식을 알아내는 것이다. 읽기의 핵심적인 목적 중의 하나가 이해이며, 효과적인 공부를 위해서는 읽은 것을 이해하는 것이 중요하다. 학교에서의 공부는 읽은 것을 이해와 연관시켜 공부해야 한다.

　둘째, 수업 시간에 잘 듣고 집중하라.
　여러분이 늘상 듣는 말이겠지만, 이 방법은 공부의 디딤돌이다. 이를 위해 선생님의 질문에 대답하고 이해하지 못하거나 궁금한 점은 질문을 한다. 수업에 적극적으로 참여한다. 수업 시간에 집중하기 위한 가장 좋은 방법은 '선생님'이다. 선생님의 설명 잘 듣기, 시선 맞추기, 질문에 대답하기, 좋은 관계 맺기이다. 좋아하는 선생님이 생기면 그 과목도 좋아하게 된다. 나도 학창 시절 좋아하는 선생님이 계셔서 아침 일찍 가서 선생님의 자리를 닦아드리고, 꽃병에 물도 갈아주던 기억이 난다. 수업 시간에 선생님과 눈을 맞추려고 노력하고 노트 필기도 예쁘게 해서 잘 보이려고 했다. 그 덕분에 좋아했던 선생님의 과목 성적은 늘 90점 이상이었다. 모든 선생님을 다 좋아할 수는 없지만 나를 위해 긍정적인 마인드를 가져보자. 가끔 흥미가 없다고 엎드리거나, 친구와 잡담하는 학생들을 볼 수 있는데 수업의 맥락에서 멀어질 뿐만 아니라 집중력도 흩어져 수업의 이해도가 현저히 떨어진다. 또한 학원에 얽매여 학교 수업을 대수롭지 않게 여기는 경우도 있다. 수업 후 시험 문제를 출제하는 선생님은 각 과목 선생님이다. 수입에 집중하는 것이 중요하고, 수업 시간에 강조한 내용들이 대부분 시험에 출제된다.

셋째, 수업 시간에 적극적으로 활동하라.

선생님의 질문에 발표하며 설명하고, 조별 활동에서 자기 역할을 열심히 하면서 친구와 함께 소통하며 협력한다. 친구와 배운 내용을 설명하면서 서로 아는 것을 나누면 이해도를 더 높일 수 있다. 적극적인 학생은 궁금한 점이나 이해하지 못한 부분에 대해 질문을 하거나 의견을 제시하여 수업의 토론과 소통을 유도할 수 있다. 선생님의 설명을 집중하여 듣고 개념을 정리하여 노트에 필기하여 정리하고 복습할 수 있는 자료를 만든다. 수업 주제와 관련된 추가적인 자료를 찾아보고 공유한다. 이런 활동들은 수업의 내용을 보다 깊이 있게 이해하고 지식을 넓힐 수 있다.

넷째, 쉬는 시간, 점심시간 등을 이용해서 틈틈이 공부하라.

에빙하우스의 망각곡선을 보면 공부한 후 10분 후부터 망각이 시작되며, 1시간 뒤에는 50%, 하루 뒤에는 70%를 망각하게 된다. 짧은 시간을 이용하여 기억력을 유지할 수 있도록 노트 정리, 문제 풀이 등을 통해 복습하고, 복습 주기를 조절하는 것이 필요하다.

다섯째, 좋아하지 않는 과목도 공부해라.

수업 시간에 배우는 모든 과목들은 서로 연관이 되어 있다. "노대체 국어, 영어, 수학, 사회, 과학, 역사, 도덕, 기술, 한문 등 지금 배우는 많은 과목들이 도대체 무슨 쓸모가 있을까?" 배우는 목적이 무엇인지 모르면 불필요성을 느낄 때가 종종 있다.

『공부는 내 인생에 대한 예의다』의 이형진 님은 "연관 사고법"을 소개하고 있다. 저자의 말에 따르면 연관 사고법은 다음과 같다. 국어, 수학, 과학, 사회와 같은 핵심 과목이자 주요 과목들은 학년이 올라갈수록 세분된다. 이때 과학은 물리, 화학, 지구과학, 생물 등으로 나뉘며 사회 역시 지리, 역사, 경제 등으로 나뉘게 된다. 즉, 각 과목은 별개의 학문이 아니라 "한줄기에서 뻗어 나온 형제 관계"나 다름없다는 것이다. "연관 사고법"이란 이처럼 구조 간의 연관관계를 통해 전체를 이해하는 방식을 뜻한다. 학교에서 배우는 많은 과목은 연관이 되어 있고, 이 과목들을 통해 전체를 이해하는 방식을 배울 수 있다. 요즈음 학교에서도 연관 사고법을 이용한 융합 수업이 이루어지고 있다. '미술과 정보' 전혀 관계가 없어 보이지만, 미술 시간에 디자인한 것을 정보 시간에 배운 3D 프린터에 디자인을 넣어 실현해 보인다. 과목 간 서로 연관되어 있음을 이해한다면 놀라운 것들을 발견할 수 있을 것이다. 따라서 좋아하지 않는 과목도 전체 구조 속에서 필요성에 의해 세분된 것들이며 연관 사고법으로 이해하고 공부해 보자.

학원 및 온라인 강의,
스터디카페에서의 효과적인 공부 방법

　경쟁 사회가 심화될수록 교육을 통해 부를 얻고 성공하기 위해 사교육에 투자를 많이 한다. 우리나라도 교육을 통해 좋은 대학을 나와 좋은 직장으로 자리매김하기 위해 애쓰고 있다. 우리나라 학생들의 일상은 학교가 끝나면 또 공부하기 위해 곧바로 학원으로 간다. 어떤 학생에게 방과 후 일상을 물어보니 월요일 수요일은 영어 학원, 화요일 목요일은 수학 학원, 주말에는 국어 학원을 다녀와서, 온라인 강의를 듣고 스터디카페를 간다고 한다. 스케줄이 꽉 차 있고 저녁 먹을 시간도 부족하다고 말한다. 물론 사교육이어서 학생마다 경우가 모두 다르다. 학원들은 아파트 근처나 학교 근처에 자리 잡고 있으며 잘 가르치는 학원 강사에게 학생들이 몰려든다. 학생들이 학원에 다닌 지는 이미 오래되었다. 나는 국민(초등)학교 4학년 때에 같은 학년 몇 명이 모여 과외를 했다. 과외를 하러 가서 선생님 집의 어린 아들 딸과 함께 놀았던 기억만 남아 있다. 뭘 공부했는지는 모르겠다. 중학교 때는 남학교와 여학교가 나뉘어 있어 학원에 가야만 남학생을 만날 수 있었다. 수학 공부를 하며 남학생과 유일하게 만나 이야기하는 재미도 있었다.

　현재 학교의 방과 후 수업 운영 현황을 보면 국어, 영어, 수학은 신청하는 학생이 몇 명 되지 않아 폐강되는 경우가 종종 있다.

폐강이 된 것은 학원이나 온라인 강의에서 배우는 과목이어서 이중 신청할 이유가 없기 때문이다. 농구, 야구, 축구, 배드민턴 같은 운동들이 주로 운영이 되고 있다. 또한 남들이 다 학원 다니니까 나만 안 다니면 성적이 안 나올 것 같고, 친구도 없다는 두려움이 들어 학원에 등록하게 된다고 말하는 학생들도 있다.

'학원이나 온라인 강의를 통해 왜 공부하는가?'에 대해서 생각을 정리해 볼 필요가 있다.

첫째, 학교에서 배우는 과목의 내용을 선행 학습하여 좀 더 학교 수업을 잘 따라가고 우위에 자리할 수 있기 때문이다. 학교 수업 내용을 좀 더 보충하여 이해가 안 되는 부분을 한 번 더 공부하기 위해서이다. 둘째는 학교의 중간고사, 기말고사 등 정기고사나 수학능력시험 등 대학 입시에 좋은 성과를 내기 위해 학원에 다닌다. 학원에서 전문 강사가 집중 쪽집게 지도를 하고 주요 문제를 내서 반복 풀이를 하여 시험을 잘 볼 수 있도록 도와주기 때문이다. 셋째는 학교의 선생님은 과목별로 선택할 수 없지만, 학원 선생님이나 온라인 학습 선생님은 마음에 드는 분을 선택할 수 있기 때문이다. 수업 방식도 본인에게 맞으면 효율적인 공부가 가능하고 어려운 문제도 잘 풀어내는 방법을 배우니까 다니게 된다. 넷째는 학교나 집에서는 다양한 활동들을 하니까 공부에만 집중할 수가 없지만 학원에서는 공부만 집중할 수 있는 환경과 시간이 되고 친구들이 있으니 학원에 간다. 이와 같은 이유로 학원을 선택하고 늦은 밤까지 다닌다. 사교육비도 많이 드는 만큼 학원 공부나 온라인 학습은 학부모나 학생 측에서 성과를 내야 한다는 생각이 든다.

자기주도학습이 가장 중요하지만, 학원에 다닌다면 학원을 이용한 효과적인 공부 방법은 무엇일까?

첫째, 공부의 우선순위를 잘 선택해라.

학원이나 온라인 강의는 학교의 보충 학습을 위한 역할을 한다. 학원이나 온라인 강의를 통해 선행학습을 하게 된다. 선행학습은 어떤 주제나 과목에 대한 공부를 학교에서 하기 전에 필요한 지식을 습득하는 것을 말한다. 선행학습을 하며 하나의 문제를 시간 투자해서 온전히 자기의 것으로 만들어 보는 경험을 해본다. 이러한 경험은 학교에서 수업할 때 자신감이 생기게 한다. 하지만 새로운 과목이나 주제에 대한 공부가 과도한 부담을 주기도 하고, 중요한 것과 그렇지 않은 것을 구별하지 못해서 시간과 에너지를 투자하고도 학교에서 성과를 못 내는 경우가 있다. 그리고 학원이나 온라인 강의를 통해 이미 선행학습을 해서 다 알고 있다고 생각하여 지루해하며 학교에서는 잠을 자거나 수업 태도가 불량한 학생들이 있어 결국 학교 시험에 만족하지 못하는 점수를 얻는 부작용도 있다. 시험 문제는 학교 선생님이 내시기 때문이다. 따라서 선행 학습을 할 때는 계획을 세우고 목적에 맞게 공부하는 자세가 필요하다. 중요한 것과 중요하지 않은 것이 구별되지 않거나 공부의 우선순위가 잘못된 상태가 되지 않도록 노력해야 한다.

둘째, 주요 교과목의 개념과 주제를 예·복습하고 확실하게 이해해라.

전문적인 강사들이 맞춤형 수업으로 개인에게 제공할 경우 자기에게 맞는 수준으로 주요 교과목의 개념과 주제를 이해할 수 있다. 수업에 적극적으로 참여하여 '오늘 배운 것은 오늘 다 이해한다'는 생각을 갖는다. 그리고 문제집 많이 활용하자. 문제를 많이 풀어보면 문제해결력이 증진되고 어느 부분이 부족한지에 대해 잘 파악할 수 있고, 그 부분을 선생님에게 질문하여 보완할 수 있다.

셋째, 다양한 공부 방법과 공부 과정을 지원 받고 활용하라.

다양한 공부 방법을 배우다 보면 자기주도학습능력이 향상될 수 있다. 또한 학교의 정기 고사 및 모의고사에 대한 시험 대비 지원, 어려운 숙제 지원 등을 받는다. 학습에 대한 스트레스와 부담을 덜 수 있기 때문에 최대한 이용하여 극대화할 수 있는 방안을 찾아야 한다.

넷째, 자신감을 유지하고 학습 동기를 강화해라.

학교에서 공부하는 개념과 주제를 학원이나 온라인 강의로 선행학습을 하여 이미 알고 있다면 자신감을 나타내어 발표하고, 공부를 더 잘할 수 있는 계기를 만들어 간다. 선행학습을 해서 알더라도, 이해를 못 했거나 부족한 부분은 학교 공부를 통해 완성한다. 완전하게 알 수 있도록 개념을 정리하고 주요한 내용들을 뽑아 암기한다. 성취감을 높이는 긍정적인 학습 경험은 학습하는 동기가 되어 성적으로 성과를 낼 수 있다.

아이들과 격없이 공부 관련 이야기를 한 적이 있었다. 한 아이가 나는 주로 스카에 가서 공부한다고 한다. 나는 스카가 무엇이냐고 물었다. 스터디카페를 줄여서 한 말이었다. 조용하고 편안한 공부를 할 수 있는 장소인 스터디카페의 스페이스를 확보한다. 집에서 하는 공부가 게을러져 자기 통제를 잘하지 못할 경우나 공부 방해 요소가 많은 집 환경일 경우 스터디카페가 가장 적당하다. 스터디카페는 보통 조용한 분위기를 유지하며 테이블과 의자, 무선 인터넷 등을 제공하여 공부에 집중할 수 있는 환경을 제공하고 있다. 다른 사람의 보는 눈도 있기 때문에 자율적으로 공부가 안될 때나 집중을 하기가 어려울 때에는 효과적이다. 스터디카페에서는 혼자 공부하는 것이니 자기주도학습을 하도록 노력한다. 자기주도학습은 다음 장에서 살펴보길 바란다.

효과적인 공부 방법을 배우고 난 뒤에 다음과 같이 달라질 수 있다.

---

1. 학습의 효율성이 증가한다.

2. 기억력이 향상된다.

3. 알아서 공부하고, 알아서 놀고, 알아서 생활할 수 있다.

4. 스트레스가 감소 되고, 여가 시간이 확보된다.

5. 성취감과 자신감이 증가한다.

6. 문제 해결 능력이 향상되고 창의적 사고력도 키워준다.

7. 학교 성적이 향상되고 미래의 직업도 잘 대비할 수 있다.

이와 같은 효과가 있으니 반드시 공부 방법을 익혀야 한다.

03
스스로 주도하는 공부 방법을 배워라

"자기 자신을 아는 것이 지혜의 시작이다."

— 아리스토텔레스

스스로 공부하는 방법을 배운다면 가장 먼저 어떤 부분을 배우고 싶은지를 중학교 학생들에게 물어보았다. 자신의 희망과 학생들의 희망을 비교하여 공통점은 무엇인지 알아보자.

- 유리 멘탈을 티타늄 멘탈로 바꾸는 방법
- 집중력 강화
- 공부 계획 세우기
- 체계적인 정리법 및 노트 필기법
- 시간을 효율적으로 쓰는 법(시간 관리)
- 즐겁게 공부하는 법
- 암기를 쉽고 빠르게 하는 법(암기법)
- 효과적인 공부 방법
- 어려운 수학 문제를 손쉽게 접근하는 법
- 꾸준히 공부하는 방법

스스로 주도하는 공부 방법을 우리는 혼히 자기주도학습 (Self-directed learning)이라고 한다. 아마도 여러분은 이 단어를 많이 들어서 그 의미는 알 것이다. '자기주도학습'은 학습자가 자신의 학습 과정 전체를 주도적으로 계획하고 실행하며 평가하는 학습 방법을 뜻한다. 자기주도학습은 학습자가 스스로 동기를 부여하고 목표를 설정하며, 학습에 필요한 자료를 선택하고, 학습 전략을 구사하며, 학습 결과를 평가하고 피드백을 받는 과정까지를 포함한다. 그럼 자기주도학습을 잘할 수 있는 방법에는 어떤 것들이 필요한지 살펴보자.

강한 정신력 만들기

첫째, 공부를 해야겠다는 마음가짐을 가져라.

나는 '일체유심조(一切唯心造)'라는 말은 매우 좋아하여 액자로 해서 방에 붙여 놓고 늘 보고 있다. 이 말은 '모든 것은 마음먹기에 달려 있다'는 뜻이다. 마음가짐의 중요성에 대한 최고의 표현이다. 타이거 우즈는 6살 때부터 매일 골프 연습을 하기 전에 "그린 마일의 숫자"를 외우고 반복하는 마음가짐을 가져서 스윙을 일관되게 유지할 수 있었고, 그 결과 골프 황제가 되었다. 권투선수 무하마드 알리는 "날아올라 나비, 찌르는 벌처럼"이라는 주문을 자주 반복하고 사용하는 마음가짐으로 정신력을 강화했다고 한다. 여러분도 여러분만의 주문을 만들어 공부할 때 늘 사용하면 자신감과 아울러 강한 정신력을 갖게 하는 동기가 될 수 있다.

둘째, 긍정적인 생각으로 바꿔라.

나는 무얼 해도 안 돼! 나는 제대로 못 해! 나는 언제나 남들보다 뒤처져! 내가 하면 그렇지 뭐… 우습게 보일 거야!	→	나는 어떤 것을 해도 좋아! 나는 잘할 수 있어! 나는 잘 해낼 거야! 내가 하면 멋있게 보일 거야!

스스로 '난 무얼 해도 안 돼!' '난 제대로 못해!' '난 남들보다 뒤처져!' 이런 말을 하는 자신을 돌아보라. '왜 이렇게 되었지?' '왜 이런 생각이 들지?' '왜 나는 나를 이렇게 못나게 표현하지?' 계속 질문해라. 나 자신에게! 어렸을 적 몇 번이고 시도하다가 잘 안 되었던 일이나 그 일로 인하여 들었던 말 등이 부정적인 생각으로 자리 잡는다. 부정적 생각이 자기 자신에게 미치는 좋지 않은 영향을 깨닫고 나면 그것이 자신에 관한 '사실'이 아니라 '의견'임을 알게 된다. 그리고 그 의견이 틀렸음을 알게 된다면 부정적인 생각에서 벗어날 수 있다. 부정적인 생각에서 벗어나 긍정적인 생각으로 바꾸는 것이 생각의 변환이다. 긍정적인 생각을 갖기 위한 방법으로는 감사하는 자세를 갖는 것이다. 나는 아침마다 일어나서 바로 일어나지 않고 명상을 한 후 노트에 하루 일정을 계획하기 전에 세 가지 정도의 감사할 일을 적는다. 예를 들면 '오늘도 일찍 일어나 하루 계획을 할 수 있어 감사합니다' '가족과 함께 아무 일 없이 생활할 수 있어 감사합니다' '글을 쓸 수 있는 힘이 생겨난 것에 감사합니다'이다. 무엇이든 생각나는 것을 쓰며 감사하다 보면 정말 감사할 일들이 많이 생기게 된다. 여러분도 한번 해 보면 좋은 결과가 생길 것이다. 미국의 방송인 오프라 윈프리는 감사의 마음을 가지고 성공한 사람 중 한 명이다. 그녀는 자신의 토크쇼에서 자주 감사의 메시지를 전달하고, 감사 일기를 쓰는 것을 권장했다. 이러한 감사의 자세는 그녀의 삶과 일에 긍정적인 영향을 미치고, 그녀를 성공으로 이끌었다.

셋째, 작은 계획을 세워 실천하며 작은 성공을 경험하라.

예를 들면, 영어 단어 실력을 늘려야겠다는 다짐을 하자. 자기 수준에 맞는 '영어 단어를 7개씩 매일 외우기'를 목표로 세우고 실천한다. 아침에 일과를 시작해서 저녁에 잠자기 전에 오늘 외운 단어 7개를 기억하면서 마무리한다. 이렇게 꾸준히 실천하다 보면 영어 단어 실력이 나도 모르게 높아진다. 작은 계획을 세워 작은 성공을 거두는 한 예시다. 이런 작은 성공은 자신감을 주고 좀 더 큰 계획으로 나아가는 동기를 제공한다. 작은 성공을 통하여 스스로를 칭찬하고 자신에게 긍정적인 메시지를 줄 수 있다. 지금 당장이라도 실천할 수 있는 작은 계획을 세워라. 성공의 기쁨을 누려라.

넷째, 실수와 실패를 두려워하지 마라.

모든 일에 항상 성공하는 사람은 없다. 실수와 실패는 자연스러운 것이며 받아들일 수 있는 마음의 여유가 필요하다. 전구를 발명하고 실용화한 토마스 에디슨은 수많은 실패를 겪었다. 그는 1,000회가 넘는 실패를 거듭하면서도 포기하지 않고 계속하여 전구의 개발에 도전했다. 결국 1879년에 성공적으로 탄광에서 사용할 수 있는 전구를 개발했고, 이후 많은 발명품을 선보이며 역사에 이름을 남겼다. 분명 실수나 실패를 통해 우리는 배우는 것이 많다. 그럼에도 불구하고 우리는 왜 그렇게 실수를 두려워할까? 아마도 어린 시절 실수나 실패를 하면 비난을 받고 시험에서 몇 개의 실수로 불합격하는 경험을 해서 그렇다. 실수와 실패는 자기 공부의 강점과 약점을 분석할 수 있는 좋은 기회이다. 분석을 통하여 실수와 실패의 원인을 알아 더 실력이 늘도록 한다. 실수와 실패에 마음을 실어 자존감을 훼손하거나 부정적인 생각을 하지 않도록 노력해야 한다. 공부 계획을 세울 때 큰 목표를 작은 단계로 나누어서 실행하는 것은 실수를 두려워하지 않는 데 도움이 될 수 있다. 실수와 실패를 공부하는 자신의 성장과 발전의 기회로 삼아라.

다섯째, 칭찬·사랑·격려·공감의 언어를 나눌 수 있는 가족이나 친구를 만들어라.

이들은 공부하는 나에게 좋은 피드백을 주어서 노력과 성과를 칭찬해 준다. 그리고 내가 어려워할 때 용기를 북돋아 주어 힘이 솟게 할 수 있다. 이들을 실망시키지 않기 위해 내가 더 노력할 수 있다. NBA의 전설 농구 선수 조던은 그의 부모님으로부터 큰 사랑과 지원을 받으면서 성장하였고, 그들의 끝없는 격려와 도움으로 농구 경력을 향상시키며 최고의 선수로 성공할 수 있었다.

> 9,000개 이상의 슛을 실패했고, 거의 300게임에서 패배했다. 그 가운데 스물여섯 번은 다 이긴 게임에서 마지막 슛 실패로 졌다. 나는 살아오면서 계속 실패를 거듭했다.
> — 마이클 조던

공부 계획 세우기

계획은 우리가 세운 목표를 이루는 데 꼭 필요하다. 계획을 세워야 시간과 자기 에너지를 효율적으로 쓸 수 있으며 한 걸음씩 목표를 향해 다가갈 수 있다. 계획에 따른 실천을 통해 자기효능감도 느낄 수 있고, 성적이 오르는 성과를 낼 수 있다. 우리가 무엇을 언제 어떻게 공부할 것인지를 계획해 두면 예상하지 못한 일이 발생했을 때도 빠르게 대응할 수 있다. 그럼 공부 계획 세우는 방법을 알아보자.

첫째, 하루·일주일·한 달·1년 등 당일, 단기, 장기의 기간을 정해라. 하루의 계획은 구체적으로 짜고, 장기 계획은 목표 위주로 짠다. 장기 계획을 세부적으로 나누면 하루하루가 모인 계획이 되니, 나의 상황과 여건에 맞는 하루 일과 계획이 중요하다.

둘째, 기간을 정했으면 일정을 만들어라. 하루 일과표나 주간 일과표를 작성해서 언제, 어디서, 어떤 과목을 공부할지 계획을 세운다.

셋째, 우선순위의 To Do List를 작성해라. 어떤 과목의 어떤 부분을 공부할지 결정해서 비중이 있고 난이도에 따라 우선순위를 정한 후 시간을 배분한다.

우선순위	과목	시간	실천 여부 체크
1			
2			
3			
...			

넷째, 오늘의 학습 목표를 설정해라. 구체적이고 현실적으로 설정하여 어떤 것을 배우려 하는지를 명확하게 파악한다.

다섯째, 세부 계획을 만들어라. 학습 목표를 달성하기 위한 세부 계획을 수립한다. 교과서나 참고서 등 어떤 교재를 사용할지 또 어떤 방법을 활용할지 등을 생각해 본다.

여섯째, 공부에 사용할 시간을 명확하게 정해라. 짧은 시간에 집중해서 공부하거나 공부와 휴식을 균형 있게 유지하는 방법을 적용한다. 시간 배분은 자기에게 맞는 것으로 정하되 25분 단위, 45분 단위, 60분 단위 등 스스로 집중할 수 있는 능력에 따라 맞는 스타일로 한다. 그리고 공부할 수 있는 총시간을 계산해 보는 것도 필요하다. 학교 수업, 잠자기 및 식사 시간, 학원 수강, 쉬는 시간 등을 뺀 공부하는 데 사용할 시간대를 알아보면 좀 더 체계적인 공부 계획을 세울 수 있다.

공부 잘하는 레시피

일곱째, 공부 계획을 상황에 따라 유연하게 변동하라. 사람은 기계가 아니기 때문에 매번 똑같은 상황을 반복할 수는 없다. 계획을 충실히 지키되 어쩔 수 없는 상황이 생기면 유연하게 변동할 수 있어야 한다. 가족 행사나 학교 행사로 인해서 규칙적으로 진행할 수 없을 때는 스트레스 받지 말고 일정을 변경하고, 더 공부하고 싶은 날에는 진도를 더 나갈 수 있도록 계획을 변동해서 진행한다. 성격에 따라 다르겠지만 꽉 찬 계획표보다 시간의 10% 정도 약간 여유 있는 계획을 짜는 것도 효율적이고, 성적이 부진한 경우는 40% 정도 여유를 주면서 계획을 짜고 실천한다. 기계적으로 계획하면 실패한다.

여덟째, 계획의 진행 상황을 평가하라. 계획을 실행하면서 주기적으로 자신의 진행 상황을 평가한다. 계획에 따라 잘 실천했는지, 실천을 못 했으면 왜 못했는지를 분석하여 반성하고 보완하여 공부 효율성을 높이도록 한다.

아홉째, 그동안 열심히 실천한 자신에게 보상하라. 공부 때문에 자기가 좋아하는 일을 뒤로 미루어 놓았거나 못한 일을 할 수 있는 기회를 자신에게 준다. 집중을 위해 좋아하는 음악을 못 들었으면 1시간 계획한 것을 성공했을 때 음악을 듣고, 하루 계획한 것을 모두 이루었을 때는 좋아하는 게임이나 만화를 볼 수도 있고 축구나 농구도 할 수 있다. 이때는 가족과의 소통이 필요하

고, 부모님과 조건 계약을 해 보는 것도 좋다. 본인에게 보상을
해 주어서 자신감과 동기가 만들어진다면 아주 좋은 방법이다.

〈구체적인 공부 계획표(예시)〉

월	화~금	토	일
학교 수업: 8:00-16:00 (수업 집중 및 과제 관리) 학원 이동: 16:00-17:00 학원 수업(수학): 17:00-19:00 저녁 식사: 19:00-20:00 숙제 및 복습: 20:00-21:00 (학교 및 학원 과제, 복습) 자유 시간: 21:00-22:00 (취미 활동 또는 휴식) 준비 및 취침: 22:00-23:00	학교 수업: 8:00-16:00 학원 이동: 16:00-17:00 학원 수업(과학): 17:00-19:00 저녁 식사: 19:00-20:00 숙제 및 복습: 20:00-21:00 자유 시간: 21:00-22:00 준비 및 취침: 22:00-23:00	수학 문제 풀이: 8:00-9:00 영어 읽기: 9:00-10:00 과학 실험 공부: 10:00-11:00 역사 노트 정리: 11:00-12:00 점심 식사: 12:00-13:00 영어 단어 암기: 13:00-14:00 영어 회화 연습: 14:00-15:00 과학 복습: 15:00-16:00 독서: 16:00-17:00 취미 활동: 17:00-19:00 저녁 식사: 19:00-20:00 숙제 및 복습: 20:00-21:00 자유 시간: 21:00-22:00 준비 및 취침: 22:00-23:00	영어 읽기: 8:00-9:00 과학 실험 공부: 9:00-10:00 역사 노트 정리: 10:00-11:00 수학 문제 풀이: 11:00-12:00 점심 식사: 12:00-13:00 수학 복습: 13:00-14:00 독서: 14:00-16:00 취미 활동: 16:00-17:00 가족 시간: 17:00-19:00 저녁 식사: 19:00-20:00 자유 시간: 20:00-22:00 준비 및 취침: 22:00-23:00

〈구체적인 공부 계획 실천 팁〉

1. **일정 관리:** 학교와 학원 시간을 미리 파악하여 겹치지 않게 조정한다.
2. **우선순위 설정:** 중요한 과목이나 과제를 먼저 해결하고 나머지 시간을 활용한다.
3. **휴식 시간:** 적절한 휴식 시간을 계획하여 집중력을 유지한다.
4. **유연성 유지:** 예상치 못한 일이 생길 수 있으므로 일정에 약간의 유연성을 두는 것이 좋다.
5. **목표 설정:** 매일, 매주 목표를 설정하여 성취감을 느끼고 동기 부여를 유지한다.

이 표를 참고하여 자신의 일정에 맞게 수정하고 활용해 본다. 효율적인 시간 관리로 공부와 생활의 균형을 잘 맞추도록 노력한다.

공부 전략 익히기

『공부의 달인 되기 프로젝트』의 장석우 님에 의하면 상위권 학생 공부 습관 VS 보통 학생 공부 습관의 차이가 있는데, 보통 학생은 50%, 상위권 학생의 80%가 '나만의 학습법'을 갖고 있다고 한다. 또한 "주요 과목 공부는 매일 하나?"에 답한 것을 보면 보통 학생은 58%, 상위권 학생은 82%로 상위권이 탁월하게 돋보인다. "공부 습관이 형성된 시기는?" 상위권 중학생 54%, "성적이 많이 오른 시기?" 상위권 중학생 62%로 답하였다. 이를 통해 중학교 시기는 공부 습관이 정착되고 성적이 많이 오른 매우 중요한 시기임을 알 수 있다. 따라서 이 시기에는 공부 습관과 아울러 공부 전략을 익혀야 한다.

공부 전략에는 어떤 것들이 있는지 살펴보고 배우자.

첫째, 활동 전략 6단계를 실천해라.

단계	활동 전략
1단계 주의 깊게 살펴보기	수업 전에 주의 깊게 살펴보기를 통해 전체 내용을 빠르게 파악하고 주요 내용을 이해하는 데 도움이 되는 단계이다. 제목과 부제를 파악하고 중요한 키워드를 살펴보고 그림, 차트 등도 살펴본다. 이후에는 더 깊게 공부하거나 읽어 보고자 하는 부분에 집중하여 세부 내용을 파악할 수 있다.
2단계 읽기	글을 읽어 나가면서 내용을 자세히 확인하고 알아보는 단계이다. 너무 빠르게 읽으면 내용을 이해하지 못할 수 있고, 너무 느리게 읽으면 시간이 오래 걸릴 수 있다. 적절한 속도로 읽어가며 내용을 이해해야 한다. 읽는 동안 손가락이나 가림판을 사용하여 본문을 따라가는 것이 집중이 잘되고, 문장을 반복해서 읽으면 이해하는 것이 도움이 된다.
3단계 질문하기	읽는 동안 궁금한 점이나 이해되지 않는 부분이 있으면 질문하는 단계이다. 질문을 통해 더 깊이 이해할 수 있다.
4단계 연결하기	새로운 개념이나 지식을 기존에 알고 있는 것과 비교하여 둘 간의 공통점이나 차이점을 찾아내어 기억에 남도록 노력하는 단계이다. 이미 지나 상황과 연결하여 더 쉽게 이해하고 기억할 수 있다.
5단계 외우기	반복, 시각적인 기억, 연상법 등 외우기 활동 전략을 사용하여 정보를 효과적으로 외우는 단계이다. 연습과 노력을 통해 향상될 수 있는 능력이므로 꾸준한 노력이 필요하다.
6단계 정리하기	요약, 노트 정리, 질문과 답변 작성 등 공부한 내용을 총정리하면서 복습하는 단계이다.

3단계 질문하기 전략에서는 자신에게 질문을 던지고 생각하라. 스티브 잡스는 매일 아침 거울을 보고, "만약 내일 내가 죽는다면 오늘 무엇을 할 것인가?"라고 질문한 후 오늘 할 일에 대해 생각을 가다듬고 하루를 시작했다고 한다. 질문을 하면 뇌가 끊임없이 활성화되고, 그 질문은 생각의 방향과 습관, 그리고 행동을 바꾼다. 결국 질문을 던지고 답을 찾아 어떻게 실천하느냐에 따라 내 성장의 크기와 모양 등이 달라질 수 있다. 따라서 공부하면서 수시로 스스로에게 질문을 던져 그 답을 찾아본다. 스스로 질문해 보면 이해되는 것과 이해되지 않는 것을 스스로 평가하여 찾아낼 수 있다. 스스로 질문해 보면 해당하는 내용에 주의 집중하게 된다. 주어진 자료 내외의 정보들의 연결 관계를 적극적으로 살펴보기 때문에 그 내용을 빨리 그리고 쉽게 배울 수 있는 장점이 있다.

둘째, 집중의 힘을 길러라.

집중력을 높이기 위해 어떤 방법을 사용하면 좋을지 알아보자.

공부 환경 조성하기	책상을 정리하여 아무것도 없게 한다. 특히 휴대폰이나 인터넷 등으로부터의 유혹을 줄이기 위해 전자기기를 멀리하고 집중에 방해가 되는 것들을 제거한다. 목표를 써서 붙이거나, 정신력을 강화하는 문구를 붙여 놓으면 좋다.
목표 설정	명확하고 구체적인 공부 목표를 설정하고, 그 목표에 집중한다. 목표가 뚜렷하면 더 쉽게 집중할 수 있다.
시간 관리	우선순위 설정하여 중요하고 긴급한 과목을 먼저 공부하고, 그다음으로 중요하지만 긴급하지 않은 과목을 공부한다. 이를 통해 중요한 공부에 집중하고 시간을 효율적으로 활용할 수 있다. 또한 공부할 분량을 작은 단위로 나누어 시간을 효율적으로 분할한다. 예를 들어, 집중력이 높은 시간에는 어려운 과목을 공부하고, 집중력이 낮은 시간에는 쉬운 과목이나 과제를 처리한다.
동시다발적 행위 방지	한 번에 여러 개의 책을 읽거나, 여러 과목의 수업을 동시에 듣고 공부하는 것 등이 해당된다. 이것은 주의를 분산시키고 집중력을 흐트러뜨릴 수 있다.
자기관리	충분한 휴식과 수면을 취하고, 건강한 식습관을 유지한다. 신체적인 건강이 정신적인 건강과 집중력에 매우 중요하다.
반복적인 연습	집중력은 연습을 통해 향상될 수 있다. 연습 방법 중 세 가지를 소개한다. 먼저 타이머를 활용한 집중 시간 관리이다. 타이머를 사용하여 일정 시간 동안 한 가지 공부에만 집중한다. 예를 들어, 25분 동안 집중하고 5분 동안 휴식을 취하는 포모도로(Pomodoro) 기법을 활용할 수 있다. 두 번째는, 분산된 주의 집중에 대한 대처 연습이다. 집중하고 있는 동안에도 여러 가지 생각이나 다른 것을 하고 싶은 유혹이 들 때 이를 무시하고 현재 공부에 집중하는 연습을 한다. 세 번째는, 일정한 시간 동안 집중하는 연습이다. 처음에는 짧은 시간 동안 집중하는 것부터 시작하여 점차 시간을 늘려가며 연습한다. 예를 들어, 처음에는 10분 동안 집중하는 것부터 시작하고, 이후에는 20분, 30분씩 점차 시간을 늘려가며 연습하는 것이다.

셋째, 암기력을 높여라.

세계적인 브레인 코치인 짐퀵은 『마지막 몰입』에서 "디지털 기술의 남용이 단기기억과 장기기억을 손상시킨다고 한다. 당신은 지금 몇 명의 가족과 친구들의 핸드폰 번호를 외우는가?"라고 하여 암기력이 점점 약화 되는 현실을 설명하고 있다. 우리는 너무 편리한 인공지능 시대와 정보력이 넘치는 사회를 살고 있다 보니, 디지털 치매에 걸렸다고 한다. 스마트폰, 컴퓨터 등 디지털 기기의 과도한 사용과 인터넷, 소셜 미디어의 넘쳐나는 정보를 빠르게 소비하면서 깊이 있는 사고와 기억력 형성의 기회가 감소한다. 그로 인해 암기력 및 인지 기능이 저하되는 것이다. 디지털 치매는 현대 사회에서 점점 더 중요한 문제로 떠오르고 있다. 이를 예방하기 위해서는 디지털 기기의 사용을 적절히 조절하고, 뇌를 적극적으로 사용하는 활동을 지속하는 것이 중요하다. 공부는 사람이 해야 하고 기억하는 능력. 즉 암기력이 있어야 종합적인 사고를 하는데 밑바탕이 된다.

뇌를 쓰는 암기력을 높이기 위한 전략은 정말 다양하게 있지만, 네 가지 방법만 제시한다.

앞머리의 글자를 따서 외우는 방법인 **키워드 기억법**(Keyword

Method)이다. 이 방법은 암기하려는 단어나 정보를 알기 쉬운 단어나 구절로 바꾸어 외우는 것이다. 보통은 원래 단어의 각 글자를 사용하여 알기 쉬운 단어나 구절을 만들어서 외우게 된다. 예를 들면 조선시대 임금의 이름을 외울 때 "태정태세문단세"라고 외웠다. 1대부터 7대까지 순서대로 살펴보면 "태조, 정종, 태종, 세종, 문종, 단종, 세조"이다. 앞 글자만 따서 외우면서 리듬까지 곁들여서 쉽게 외웠던 기억이 있다. 이 방법은 다양한 유형의 정보에 적용할 수 있으며, 암기력을 향상시키는 데 도움이 된다.

정보를 더 작고 이해하기 쉬운 단위로 나누는 **청킹**(Chunking)이다. 숫자나 글자를 여러 그룹으로 나누어 관련된 정보끼리 묶는 등의 방법을 사용하여 정보를 더 작고 이해하기 쉬운 단위로 나누는 것이 청킹의 핵심이다. 예를 들어, 전화번호 "01098765432"을 외울 때 전체 번호를 한 번에 외우기보다는 "010-9876-5432"과 같이 세 개의 그룹으로 묶어서 외우는 것이 청킹의 예이다. 이렇게 하면 정보를 더 작고 관리하기 쉬운 단위로 나누어 암기할 수 있다.

정보를 시각적으로 구조화하여 나누는 **마인드맵**(Mindmap)이다. 주제를 중심에 쓴다. 그 주제와 관련된 핵심 개념을 떠올리며 하위 주제를 추가하면서 주제를 보다 세분화 구체화한다. 다양한 색깔과 형태를 사용하여 각 항목을 짧고 간결하게 작성한다.

마인드맵의 활용법은 다양하다. 노트 필기, 학습, 암기 때 많이 쓰인다. 또 회의 및 여러 명이 아이디어를 모으는 브레인스토밍 때도 활용이 된다. 자기 생각이 잘 써지지 않을 경우 마인드맵을 이용하여 일기 쓰기와 개요를 정리하며 독후감 쓰기에 사용할 수 있다.

암기할 단어들을 조합해 잘 외워지는 **이야기 만들기**이다. 외워야 할 핵심 내용의 단어들을 10개 있다면 우리는 머릿속으로 외우되 7개 정도는 기억해 낼 수 있지만 3개 정도는 기억이 안 난다. 『마지막 몰입』을 쓴 짐 퀵에 의하면 "기억할 수 있었던 단어들에는 일정한 특징이 있다. 하지만 기억하지 못했던 단어들은 기억해 낼 만한 특징이 없다."고 했다. 기억이 안 나는 핵심 단어들까지 잘 암기할 수 있는 방법이 있다. 10개 단어를 한 개씩 차례차례 사용해서 이야기를 지어보자. 이야기의 사실 여부는 중요하지 않다. 재미있는 이야기를 스스로 만들어 내면 더 잘 기억이 날 것이다. 각 단어에 대한 이미지를 떠올리고 순서대로 이야기를 연결하는 것이다.

넷째, 꾸준히 공부하는 루틴(판에 박힌 일상)을 가져라.

매일 반복하여 같은 시간대에 목적이 있는 의미 있는 행동으로 공부를 할 수 있도록 노력한다. 그리고 매일 15분씩이라도 책을 읽는 루틴을 만든다. 공부의 뿌리는 독서이다. 또한 공부 시간을 매일 반복되는 생활 속의 활동과 통합을 한다. 하루 일과 따로, 공부 따로가 아니라 하루 일상 속으로 공부를 접목하는 것이다. 하루 일상의 공부화이다. 이렇게 하면 공부를 더욱 편하게 할 수 있고, 시간을 더 효율적으로 활용할 수 있다. 예를 들어, 학교 등하교 시간을 활용하여 오디오북이나 팟캐스트를 들으며 관심 있는 주제나 새로운 지식을 습득한다. 미술 시간을 통해 사물을 관찰하는 방법을 배우고, 여행을 통해 지리나 역사를 배우는 등 여러 가지 방법으로 공부를 통합할 수 있다. 즉 일상생활의 일부로 만들어 자연스럽게 공부를 진행하는 것이다. 그리고 '공부는 왜 하는가?'에 대한 질문을 해서 자신에게 끊임없는 동기를 갖게 하는 것이 중요하다. 목적 달성을 위해 자신에게 육하원칙(누가, 언제, 어디서, 무엇을, 어떻게, 왜)을 질문하며 자신과 대화하고 루틴이 된 공부하는 습관을 스스로를 칭찬하고 좋아하는 것을 해서 보상도 해 준다.

공부 잘하는 레시피

다섯째, 스스로 주도하는 공부를 정확하게 이해하라.

자기주도학습에 대한 오해와 진실을 살펴서 스스로 주도하는 공부가 무엇인지를 정확하게 이해해야 한다. 자기주도학습은 단순히 혼자 공부하는 것이 아니라, 주도적으로 학습 계획을 세우고 관리하며, 필요할 때는 도움을 받는 능동적인 학습 방법이다. 다음 문제에 답하며 정확하게 이해해 보자.

문제	정답	해설
자기주도학습은 혼자서 모든 것을 해야 한다?	NO	자기주도학습은 스스로 학습을 계획하고 관리하는 것을 의미하며, 필요할 때는 도움을 받는 것도 포함된다.
자기주도학습은 교사의 역할이 중요하지 않다?	NO	교사는 학습 방향을 제시하고, 필요한 자원과 지원을 제공하는 중요한 역할을 한다.
자기주도학습은 모든 학생에게 적합하다?	NO	학생마다 학습 스타일과 필요가 다르기 때문에, 자기주도학습이 모든 학생에게 적합하지 않을 수 있다.
자기주도학습은 단순히 공부 시간을 늘리는 것이다?	NO	자기주도학습은 효율적이고 목표 지향적인 학습 계획을 세우고, 스스로 동기 부여하여 공부하는 것을 의미한다.
자기주도학습은 학습 결과에만 초점을 맞추지는 않는다?	YES	자기주도학습은 학습 과정과 자기 성찰, 문제 해결 능력을 기르는 데에도 중점을 둔다.

공부 잘하는 레시피

주요 교과목의 방법 익히기

'국어'를 잘하려면 이렇게 공부해라

첫째, 국어는 읽기 능력이 핵심이다.

잘 읽기 위한 토대가 **독서**이다. 독서를 통해 폭넓은 어휘력을 얻게 되고 사고력, 독해력도 신장된다. 학교에서도 국어 시간에 독서토론 수업을 비롯하여 독서 교육 콘텐츠 제공 등 독서 교육 활성화를 위해 노력하고 있다. 먼저 읽기 능력을 높여주는 10가지 읽기 방법을 알아보자. 책을 읽는 방법들을 살펴보고 나에게 맞는 읽기 법을 활용하면 국어 실력을 높일 수 있다.

1. 천천히 꼼꼼하게 읽기

요즈음 유행하는 유튜브에서 제공하는 숏츠는 60초 이내의 짧은 영상을 만들어 제공하는데 학생들에게 인기가 많다. 각종 인터넷 게임도 빠른 속도를 자랑한다. 요즘 세대는 긴 것을 참지 못해 한다고 선생님들은 말한다. 이런 세태에 따라 책 읽기도 빠르게 읽는다. 빠르게 읽다 보니, 책을 읽고도 많은 것을 이해하지 못하고 넘어간다. 급하게 읽지 않고 천천히 이해하면서 읽는 습관이 중요하다. 지식을 올바르게 습득하고 성장하기 위해서는 꼼꼼하게 읽는 방법이 필요하다.

2. 주인공이 된 마음으로 읽기

영화에 빠지는 이유 중의 하나가 내가 영상의 주인공이 되어 간접 경험을 하면서 즐기는 것이다. 주인공이 되어 갖가지 이유로 울고, 웃고, 사랑하고, 떠나고 끝없는 이야기가 펼쳐진다. 실은 책을 읽으면서도 주인공이 될 수 있다. 주인공의 대사를 읽고 느끼면서 주인공이 되는 것이다. 생텍쥐페리의 어린 왕자의 대사를 읽다 보면 얻는 감동이 크다. "마지막으로 내 비밀을 가르쳐 줄게. 아주 간단한 거야. 무엇이든 잘 보려면 오로지 마음으로 봐야 한다는 거야 가장 중요한 것은 눈에 보이지 않아." 내가 어린 왕자로 이 대사를 말해 보면 나도 모르게 어린 왕자로 몰입되어 책에 빠지게 된다. 주인공과 내가 하나가 되는 경험을 하게 되면 책을 좋아하게 되고 상상의 체험으로서 넓은 세계를 접하게 된다.

3. 글의 내용을 이미지화하여 읽기

책을 읽을 때 먼저 글에서 중요한 키워드나 핵심 내용을 시각적으로 상상해 본다. 각 키워드를 연상시키는 이미지를 떠올려 보고, 그림으로 그리는 것을 생각한다. 그리고 이미지를 연결하여 글의 흐름을 이해할 수 있도록 한다. 즉 이미지화된 그림을 배열하여 전체적인 구조를 이해할 수 있게 한다. 그림에 간단한 메모나 요약을 추가해도 된다. 다양한 유형의 그림화 방법(다이어그램, 플로우차트 등)을 활용하여 내용을 시각적으로 정리할 수 있다. 이러한 방법을 활용하여 글의 내용을 이미지화하여 읽으면, 텍스트로 읽는 것보다 더욱 시각적으로 이해하고 기억하는 데 도움이 될 것이다.

4. '왜(Why)?'라고 질문하며 읽기

물리학자인 아인슈타인은 뛰어난 질문 능력과 호기심을 가진 사람으로 그의 유명한 말 중 하나인 "내가 가장 자주 묻는 질문은 '왜?'입니다."는 그의 깊은 호기심과 질문하는 태도를 잘 보여 준다. 읽는 도중에 떠오르는 궁금증이나 의문에 대해 질문을 하고, 해결해 나가는 과정을 통해 문제를 해결하는 능력이 생긴다. 이해가 되지 않는 부분에 대해 질문을 하면, 더 깊이 있는 이해를 할 수 있고, 지식을 확장시킬 수 있다. 또한 질문을 하면서 읽는 것은 암기력을 향상하는 데 도움이 되고, 공부하는 적극적인 학생으로 변화시킨다. 왜? 왜? 왜? 크게 외쳐보자.

5. 글의 대립구조를 파악하며 읽기

셰익스피어의 《로미오와 줄리엣》은 몇 가지 대립 요소가 중요한 역할을 한다. 로미오와 줄리엣의 사랑은 그들의 가족 간의 적대 관계로 대립하게 되고 이러한 대립이 작품 전반에 걸쳐 이야기를 주도하며, 결국 비극적인 결말로 이어진다.

소설 등의 문학 작품 읽기에서는 문장의 대립구조를 파악하여 읽는 방법이 중요하다.

먼저 대립구조는 주어진 문장이나 문단에서 상반된 두 가지 주장이나 의견, 인물을 비교하거나 대비하는 것을 나타낸다. 따라서 대립하는 두 개의 내용이 무엇인지 파악하고 이 대립을 통해 어떤 메시지를 전달하고자 하는지를 알아내어 문장이나 문단의 전체 뜻을 이해해야 한다. 양측의 주장이나 의견을 분석하고 판단하여 자신만의 의견을 형성하면서 비판적 사고를 할 수 있다.

6. 글의 뼈대를 찾아내며 읽기

글의 뼈대라는 것은 전체 글의 핵심 개념이나 주제를 말한다. 글의 뼈대를 찾아내며 읽으려면 어떻게 해야 할까? 먼저 제목과 소제목 확인한다. 글의 제목과 각 섹션의 소제목을 살펴보면 주제나 핵심 개념을 파악하는 데 도움이 된다. 다음은 글의 첫 문장이나 첫 단락을 읽으면서 주제나 핵심 아이디어가 무엇인지 이해한다. 글쓴이는 종종 이곳에 중요한 정보를 소개하기 때문이다. 글 전체를 빠르게 훑어보면서 각 섹션(Section)의 주요 내용을 알아낸다. 각 부분에서 반복되거나 강조된 단어나 구절을 주목해야 한다. 글에서 반복되거나 강조된 중심 단어나 구절을 찾아보면 주제나 핵심 개념을 파악할 수 있다. 다음으로 중요한 것은 핵심 문장을 찾는 것이다. 핵심 문장은 해당 섹션(Section)의 주제를 명확하게 나타내는 문장이다. 마지막으로 문맥을 이해한다. 글 전체의 문맥을 고려하여 주제나 핵심 개념을 찾아내고 각 섹션이나 단락이 전체적인 이야기의 어떤 부분을 나타내는지를 파악한다. 글 전체를 다 읽은 후 글을 요약해 보면 주제나 핵심 개념을 정리할 수 있다.

7. 선생님처럼 문제를 만들며 읽기

나도 교과 시간에 주제나 핵심 개념을 중심으로 문제를 내 본 적이 있다. 물론 답도 내가 안다. 마치 가르치는 선생님처럼 내용을 문제로 바꾸어서 내다 보면 나도 모르게 내용을 보다 정확하게 알고, 정말 선생님이 내신 문제와 비슷한 경우가 있었다. 신이 나는 것은 물론이거니와, 친구들에게도 이런 경험을 이야기해 주었고 자기들에게도 알려달라고 했던 경험이 있다. 스스로 문제 내고 채점하고 부족한 부분은 다시 공부하면 완벽한 공부라고 할 수 있다.

여러분도 교과서나 참고서를 읽을 때 '내가 선생님이라면 어떤 문제를 낼까?'라는 생각을 가져본다. 집중력과 이해력이 높아지고, 중요한 내용들이 눈앞에 펼쳐질 것이다.

8. 글의 앞뒤 맥락을 추측하며 읽기

글 속에 나오는 특정 단어, 구절 또는 문맥을 통해 글의 앞뒤 맥락을 파악할 수 있다. 맥락을 파악하면 전에 언급된 내용을 통해 이후에 언급될 내용을 추측할 수 있다. 추측하며 읽기가 가능한데, 글에 나타나 있는 어떤 단서를 보고 글에는 문자화되어 있지 않은 뜻을 찾아내는 읽기 활동이다. 추측하며 읽기를 잘하기 위해서는 'Why?', 'How?', 'And?', 'If'와 같이 질문하면서 읽는다. 이후의 결론은 어떻게 날지, 주인공은 Happy Ending인지도 추측이 가능하다. 글의 앞뒤 맥락을 추측하며 읽다 보면 집중을 잘하게 되어 글쓴이의 의도도 알게 되고, 추측을 통한 결말이 적중하지 못할 경우 예상하지 못한 반전의 재미도 있다. 추측은 주어진 내용을 바탕으로 새로운 아이디어나 가능성을 상상하게 되므로 창의성을 키우는 데도 도움이 된다.

9. 옳고 그름을 판단하며 읽기

판단하며 읽기는 논설문, 연설문, 선전문, 인터넷 게시판, 블로그의 정보 글 등을 읽을 때 필요한 기법이다. 옳고 그름의 판단은 다소 주관적이고 개인적인 경험과 지식에 따라 다를 수 있다. 내용에 대해 서로 다른 관점과 정보를 제공하는 다양한 출처를 통해 문제를 다각도로 이해해 본다. 정보의 출처가 신뢰할 만한지를 확인하고 사실과 의견을 구분한다. 사실은 검증 가능하고 입증 가능한 정보를 나타내며, 의견은 개인의 주관적인 견해를 나타낸다. 정보와 주장이 논리적으로 설득력이 있는지를 생각해 보고 논리적 비판적 사고력을 키운다. 다양한 의견을 고려해 보고 비교 평가하여 종합적인 판단을 내릴 수 있도록 하고, 마지막 판단은 자신이 내리도록 한다. 읽기 중에 가장 어려운 부분일 것이다.

둘째, **쓰기 능력**을 길러라.

글쓰기는 자기 생각과 감정 표현의 중요한 수단으로 자기 이야기를 전달할 수 있다. 이러한 이유로 글쓰기는 인간의 훌륭한 능력 중 하나로 여겨지며, 여러 측면에서 우리의 생활과 사회적 활동에 중요한 역할을 한다. 어렵게 생각하지 말고 도전해 보라. 초등학교 때는 학교 선생님이 쓰기 능력을 기르기 위해 매일 일기 쓰기를 시켰다. 고학년이 될수록 숙제 일기가 없어지니, 계속 쓰는 학생이 드물어진다. 국어 시간에 글쓰기로 평가는 자주 이루어지지 않는다. 평가의 객관성과 공정성이 확보되기 힘들기 때문이다. 대학수학능력시험에서도 글쓰기는 예외가 되어 있다. 이처럼 주요 시험에서 평가를 하지 않으니 글 쓰는 법을 배우려 하지 않는다. 하지만 글쓰기는 자기 표현이며 소통의 수단이며 지식을 전달하고 공유하는 데에 중요한 역할을 한다. 그렇다면 국어 공부를 잘하기 위한 쓰기 능력은 어떻게 기르면 좋을지 실용적으로 생각해 보자.

먼저 어휘력을 늘려야 한다. 매일 새로운 단어를 공부하고 인터넷 사전이나 어휘 책을 통해 새로운 단어를 찾고, 문장 속에서 그 단어를 활용하도록 한다. 다음으로 글을 쓰기 위해서는 기본적인 문법 규칙을 이해하고 문장의 구조와 어순을 익힌다. 제대로 된 문장 구조를 사용하는 것이 글쓰기를 더 원활하게 만든다. 그리고 다양한 글쓰기 장르를 살펴본다. 수필, 시, 소설, 논술 등 다양한 형식의 글을 읽고 모방해 보면서 여러 가지 스타일과 기법을 익히며 창의성을 키워본다. 결국 쓰기 공부를 위해서 다양한 장르를 독서하게 되고, 주제에 대한 자신만의 비판력이 생긴다. 또한 글을 쓰는 과정에서 문제를 분석하고 해결책을 찾는 능력을 기르게 되니, 이 모든 장점은 국어 실력을 늘리는 기본 토대가 되는 것이다.

셋째, **국어 시험**을 잘 보는 방법을 익혀라.

1. 주제 파악하기
  시험 범위를 확인하고 시험 전에 주제를 파악하여 중요한 개념이나 내용을 읽으며 이해한다.

2. 주요 용어와 개념 학습하기
  시험에 나올 수 있는 주요 용어와 개념을 공부하고 정리한다. 개념을 이해하고 핵심 내용을 외워 두면 시험에서 쓸모가 있다.

3. 문제 유형 파악하기
  시험에서 출제될 가능성이 있는 다양한 문제 유형을 파악한다. 객관식, 주관식 등 유형의 문제에 대비한다.

4. 예시 및 연습 문제 풀기
  이전 시험 문제나 문제집의 연습 문제를 풀어보면서 문제 유형과 풀이 방법을 익힌다. 채점 후 틀린 문제는 그 원인을 스스로 찾고 분석하여 오답 노트를 이용하여 정리해 둔다. 실제 시험에서 문제를 잘 풀 수 있는 연습을 한다.

5. 정리와 복습하기
  시험 전에 공부한 내용을 노트를 중심으로 정리하고 복습한다. 정리된 노트를 통해 핵심 내용을 다시 한번 확인하고, 암기하지 못한 것은 다시 암기하여 기억력을 강화한다.

6. 시험 시간 관리

시험 중에 시간을 효율적으로 관리한다. 문제를 풀면서 어려운 문제인 경우는 체크를 해 놓고 쉬운 문제를 모두 풀고 난 다음에 푸는 방법이 있다. 이렇게 하면 쉬운 문제를 모두 풀어 놓았기 때문에 마음이 안정되고 어려운 문제를 집중해서 풀 수 있다. 시간이 부족할 경우는 빠르게 결정을 내리고 다음 문제로 넘어간다.

7. 시험의 절대 권위자는 선생님

내신 국어에서 시험 문제를 출제하는 분은 선생님이다. 선생님들은 수업한 내용 중 핵심 개념을 중심으로 시험 문제를 내고, 선생님의 관점으로 출제된 문제에서는 선생님이 정한 답이 곧 정답이 된다. 고득점을 받기 위해서는 수업 시간에 집중해야 한다. 선생님이 설명하는 것을 이해하고 받아 들인다. 시험에 대비해서 공부할 때도 그 내용을 바탕으로 공부한다.

넷째, **지문**(주어진 내용의 글) **분석하는 방법**을 배워라.

국어책이나 시험, 신문이나 문제집에 지문이 나온다. 지문의 내용을 독해하고 분석해야 이해가 가능하고 뭐든 할 수 있다. 지문에 대한 분석 방법을 다음의 예시를 통해 배워 보자.

1. 시 분석

시제: 시의 시간적 배경이나 시대적 배경을 파악한다.

주제: "이 시의 주제는 무엇인가?"

형식: "이 시는 몇 연으로 구성되어 있으며, 각 연의 운율과 리듬은 어떠한가?"

이미지: "이 시에 사용된 주요 이미지는 무엇이며, 그것이 상징하는 바는 무엇인가?"

2. 소설 분석

줄거리: "이 소설의 주요 줄거리는 무엇인가?"

인물: "주인공의 성격과 동기는 무엇인가?"

주제: "이 소설의 주제는 무엇이며, 작가는 이를 통해 무엇을 말하고자 하는가?"

배경: "이야기의 시간적, 공간적 배경은 무엇이며, 그것이 이야기 전개에 어떤 영향을 미치는가?"

문체: "작가의 문체는 어떠한가?"

3. 비문학 지문 분석

제목과 부제목: "제목과 부제목이 글의 내용을 어떻게 요약하고 있는가?"

주제 문장: "각 문단의 주제 문장은 무엇이며, 문단의 핵심 내용을 어떻게 요약하고 있는가?"

논지 전개: "글의 논지가 어떻게 전개되고 있는가?"

증거와 예시: "글에서 사용된 증거와 예시는 무엇이며, 어떻게 논지를 뒷받침하고 있는가?"

용어와 개념: "중요한 용어와 개념은 무엇이며, 그것이 논지 전개에 어떻게 기여하는가?"

4. 고전문학 분석

시대적 배경: "작품이 쓰인 시대적 배경과 작가의 생애는 어떠한가?"

주제와 사상: "작품의 주제와 그 안에 담긴 사상이나 철학은 무엇인가?"

인물과 사건: "주요 인물들의 성격과 사건 전개의 흐름은 어떠한가?"

문체와 표현 기법: "작품의 문체와 표현 기법은 어떠한가?"

고전 용어와 문법: "작품에서 사용되는 고전 용어와 문법은 무엇인가?"

이러한 분석 요령을 통해 다양한 종류의 지문을 체계적으로 분석할 수 있다. 각 분석 방법을 숙지하고 연습하면 독해력과 이해력이 크게 향상될 것이다. 또한 주어진 내용의 글을 얼마나 정확하게 읽고 이해하는 정도에 따라 시험 문제에서 요구하는 답을 명확하게 찾을 수 있다.

'영어'를 잘하려면 이렇게 공부해라

첫째, **영어 듣기**를 향상시키는 공부 방법을 익혀라.

1. 다양한 유형의 영어 자료 듣기

다양한 유형의 영어 자료를 듣는 것이 중요하다. 영어 뉴스, 팟캐스트, 라디오 프로그램, 오디오북, 영어 드라마 또는 영화 등을 들어본다. 다양한 억양, 발음, 어휘를 접하면서 영어 듣기 실력이 향상된다.

2. 흥미 있는 주제 선택해서 듣기

본인이 흥미 있는 주제의 영어 자료를 선택하여 듣는 것이 좋다. 흥미 있는 주제일수록 듣기에 몰입하고 자연스럽게 듣기 능력을 향상시킬 수 있다.

3. 반복 청취하기

영어 자료를 반복해서 듣는 것이 중요하다. 처음에는 전체를 듣고 이해되지 않는 부분을 찾는다. 그 후에는 해당 부분을 반복해서 들으면서 이해도를 높여가도록 한다.

4. 노트에 작성하기

들으면서 중요한 내용이나 어려운 단어를 노트에 기록한다. 듣기 후에는 노트를 보면서 단어를 외우고, 들었던 중요한 내용을 기억해 본다.

5. 영어 환경에 계속 노출 시키기

아침 등교 준비하는 시간, 등하교 시간, 쉬는 시간 등에 영어 뉴스, 회화, 팝송 등을 틀어 놓고 듣는 등 끊임없이 영어 환경에 자신을 노출한다. 매일 30분~1시간 정도 꼬박꼬박 듣는 습관을 들이는 것이 좋다.

둘째, **영어 말하기** 실력을 향상시키는 공부 방법을 익혀라.

1. 말하기 연습을 위한 파트너 찾기

영어를 유창하게 구사하기 위해서는 말하기 연습이 필요하다. 영어를 사용할 수 있는 파트너를 찾아서 함께 대화하고 말하기 연습을 한다. 영어 친구, 회화 그룹, 혹은 온라인 회화 파트너를 찾도록 한다.

2. 자신에게 영어로 이야기하기

일상적인 상황에서 영어로 이야기한다. 집에서 혼자 있을 때나 일상적인 상황에서도 영어로 생각하고 말하는 연습을 해 본다. 이렇게 하면 실제 대화 상황에서도 더욱 자연스러운 말하기가 가능해진다.

3. 영어로 말하는 습관을 들이기

어색하고 서툴더라도 가족, 친구랑 함께 매일 규칙적으로 영어로 대화해 보는 시간을 정해두고 실천한다. 외국인을 만날 기회가 있다면 용기를 내서 말을 건다. '무조건 ~~ 내 영어 발음이 어때서~~ 하는 마음으로!!!'

4. 녹음하고 자기 발음 평가하기

말하기 연습을 할 때는 녹음을 하고 자신의 발음, 억양, 문법 등을 들어본다. 자기평가를 통해 어느 부분을 개선해야 하는지 파악하고 보완해간다.

5. 큰 소리로 말하기

영어 발음 교정은 거울 앞에서 입 모양을 직접 모면서 한다. 테이프를 들으며 교재를 읽을 때에도 원어민 발음과 강세대로 문장 끊기와 묵음(know와 knife에서 k는 발음이 되지 않는다)을 주의 깊게 듣고 표시하며 발음한다. 빌음이 정확하도록 노력한다. 원어민이 특정 단어와 음가를 어떻게 발음하는지 잘 듣고 따라 한다.

6. 회화 수업이나 그룹 참여하기

영어 회화 수업이나 그룹에 참여하여 전문가의 지도를 받고 다른 학습자들과 소통하며 말하기 실력을 향상시킬 수 있다.

7. 자신감 유지하기

영어 말하기는 자신감이 중요하다. 실수를 두려워하지 말고 자신감을 갖고 말하는 연습을 한다. 실수를 통해 배우고 개선하는 과정이 말하기 실력 향상에 도움이 된다.

셋째, **영어 쓰기** 실력을 향상시키는 공부 방법을 익혀라.

1. 날마다 단어 외우기

매일 자기의 능력에 맞는 분량을 정해 단어를 외운다. 단어는 많이 외우는 것이 유리한데, 평소 접하는 교과서, 문제집, 영어책 등에서 나오는 새로운 단어를 찾아 외우는 것이 효과적이다. 매일 분량을 정해두고 외우되, 점차 그 수를 늘려가는 것이 좋다. 나만의 단어장을 만들어 보면 효과 짱!

2. 영어사전과 친해지기

스스로 사전을 찾아가며 영어 단어를 익힌다. 한영사전, 영한사전 등을 번갈아 보며 단어가 가진 뜻과 설명을 한글과 영어로 모두 익히고 모르는 단어는 단어장에 적어 놓고 외운다.

3. 영어 문장 베껴 쓰기

영어로 잘 쓰인 글을 모방하는 연습을 한다. 좋은 영어 작문을 읽고, 그 작문의 구조와 표현을 분석하고 베껴 쓰기 해 보는 것이 도움이 된다.

4. 영작을 연습하기

다양한 주제의 영어 작문 연습을 한다. 예를 들어, 주제별로 에세이를 쓰거나 주어진 주제에 대한 글을 작성해 본다. 영작 연습을 통해 문장 구조와 어휘력을 향상시킬 수 있다.

5. 영어 독서록 쓰기

단순히 책을 읽기만 하는 것이 아니라 영어로 독서록을 쓰면 자연스럽게 작문 실력도 키우고, 영이 문장을 완전히 숙지하는 계기가 온다. 요즘 도와주는 영어 쓰기 앱을 이용해도 의미에 맞는 문장을 썼는지 확인이 가능하다.

6. 피드백 받기

영어 쓰기를 연습할 때 다른 사람에게 피드백을 요청한다. 영어 원어민이나 영어가 능숙한 친구, 선생님 등에게 쓴 글을 읽어 보고 교정이나 개선점을 받는 것도 영어 작문의 실력을 늘릴 수 있다.

넷째, **영어 문법** 실력을 향상시키는 공부 방법을 익혀라.

1. 기초 문법부터 공부하기

영어 문법을 공부하기 전에 기초적인 문법 규칙을 공부한다. 주요 문법 개념인 명사, 대명사, 동사, 형용사, 부사, 전치사, 접속사 등에 대한 기본적인 이해가 필요하다.

2. 예제 문장 분석하기

다양한 예제 문장을 분석하여 문법 규칙을 이해한다. 각 문장에서 어떤 문법이 사용되었는지 파악하고, 그 문법이 어떤 역할을 하는지 이해하는 것이 중요하다.

3. 연습 문제 풀이하기

다양한 종류의 연습 문제를 풀어보면서 문법을 익힌다. 교재나 온라인 자원을 활용하여 문법 관련 연습 문제를 풀어보면서 자신의 이해도를 확인하고 실력을 향상시킬 수 있다.

4. 자주 실수하는 부분 확인하기

자주 실수하는 문법 규칙이 있다면 그 부분에 특별히 주의를 기울여야 한다. 실수한 부분을 인지하고 개선하기 위해 노력하는 것이 중요하다.

5. 온라인 자원 활용하기

영어 문법에 관한 다양한 온라인 자원을 활용한다. 강의 동영상, 온라인 문법 퀴즈, 문법 설명 사이트 등을 통해 효과적으로 문법을 공부할 수 있다.

다섯째, **영어 독해** 실력을 향상시키는 공부 방법을 익혀라.

1. 다양한 텍스트 읽기

다양한 주제와 장르의 영어 텍스트를 읽는다. 신문 기사, 잡지 기사, 영어 소설, 웹사이트의 내용 등을 읽으면서 다양한 어휘와 문장 구조를 접하고 익혀야 한다.

2. 이해하기 쉬운 텍스트부터 시작하기

처음에는 이해하기 쉬운 텍스트부터 시작하여 점차 난이도를 높여 간다. 영어 초보자를 위한 독해 교재나 온라인 자료를 활용하여 시작하는 것이 좋다.

3. 관심 있는 주제의 교재 읽기

자신이 관심 있는 주제의 텍스트를 선택하여 읽는다. 흥미로운 주제를 읽으면서 독해 과정이 더욱 즐거워질 것이다.

4. 문맥 이해하기

읽는 동안 문장 전체의 문맥을 이해하려 노력한다. 주어진 문맥 안에서 단어와 구절의 의미를 파악하고, 상황에 맞는 해석을 하도록 주의를 기울인다.

5. 키워드와 주요 아이디어 파악하기

각 문단의 키워드나 주요 아이디어를 파악한다. 텍스트의 핵심 내용을 이해하는 데에 도움이 된다.

6. 정기적인 독해 연습하기

정기적으로 영어 독해를 연습한다. 매일 일정 시간을 투자하여 독해 연습을 히면서 읽기 속도와 이해력을 향상시킬 수 있다.

7. 어휘력 향상하기

어휘력을 향상시키는 것이 영어 독해를 개선하는 데 중요하다. 모르는 단어를 발견하면 사전이나 온라인 자원을 활용하여 그 의미를 파악하고 기억한다.

여섯째, 초등학교·중학교·고등학교의 **영어 공부 방법**을 익혀라. 초등학생, 중학생, 고등학생의 영어 공부 방법의 차이와 특징은 학생의 발달 수준과 학습 목표에 따라 다르다. 각 학교 단계별로 영어 공부 방법의 차이와 특징을 알아보자.

초등학생 (초등학교)

1. 기본 영어 익히기

초등학교에서는 영어를 처음 접하는 단계이지만 유치원에서도 영어 교육이 이루어지고 있다. 이 시기에는 철자는 잘 몰라도 단어를 이미지로 받아들인다. 수준에 맞는 동화책을 부모나 선생님, 유튜브 등을 통해 따라 읽는 방식으로 한다. 기본적인 영어 발음, 알파벳, 기초 어휘는 가르치되, 문법은 다루지 않는 것이 좋다.

2. 노래와 게임을 활용하기

재미있는 노래와 게임을 활용하여 학생들의 흥미를 유발하고 영어 학습에 적극적으로 참여하도록 한다.

3. 시각적인 자료 사용하기

그림책, 애니메이션 등 시각적인 자료를 활용하여 집중력을 높이며 영어 학습을 지원한다.

4. 대화 중심의 영어 익히기

간단한 문장을 사용하여 일상적인 대화를 통해 영어를 익히고 익힌 내용을 활용하는 것에 초점을 둔다.

중학생 (중학교)

1. 기본 영어 학습 강화하기

중학교에서는 초등학교에서 배운 기본 영어 학습을 강화하고, 읽기, 쓰기, 듣기, 말하기 등의 네 가지 기술을 모두 강조한다.

2. 어휘와 문법 학습하기

좀 더 복잡한 어휘와 문법 학습을 통해 학생들의 언어 능력을 확장하고 근본적인 문법 구조를 이해한다.

3. 독해력 강화하기

다양한 텍스트를 읽고 이해하는 능력을 강화하여 독해력을 향상시킨다. 문장 구조를 분석하고 주요 내용을 파악하는 데에 중점을 둔다.

4. 문법 규칙을 숙지하기

영어 문법 규칙을 학습하고 올바른 문장 구조를 구사하는 능력을 강화한다.

고등학생 (고등학교)

1. 심화된 언어 학습하기

고등학교에서는 중학교에서 배운 내용을 바탕으로 언어의 심화된 이해와 활용을 목표로 한다.

2. 글쓰기 강화하기

논리적이고 효과적인 글쓰기 기술을 위해 우리나라 문학 작품의 글을 영어로 번역하여 글쓰기 과제를 수행한다.

3. 독해 능력을 강화하기

다양한 주제와 장르의 텍스트를 읽고 분석하여 복잡한 아이디어와 의견을 이해하고 해석하는 능력을 강화한다.

4. 논쟁과 토론 기술 향상하기

다양한 주제에 대해 토론하고 말하는 기회를 제공하여 학생들의 의사 표현 능력을 향상시킨다.

일곱째, **영어 시험** 잘 보는 다양한 전략을 익혀라.

1. 듣기(Listening)

미리 듣기 전에 주제나 내용에 대한 예상하고 듣는 데 집중한다.

빠르게 이야기를 듣고 중요한 내용을 놓치지 않도록 주의 깊게 듣는다.

듣기 전에 질문에 대한 힌트를 읽고, 듣는 동안 힌트를 찾아가며 들어본다.

핵심 내용이나 키워드를 시험지에 기록하여 활용한다.

2. 독해(Reading)

텍스트를 빠르게 훑어 보고 전체 내용을 파악한 후에 세부 사항에 집중한다.

문맥을 이해하기 위해 문장 전체를 살펴보고, 생소한 단어나 문장 구조에 대해 유연하게 대처한다.

핵심 아이디어와 중요한 세부 내용을 파악하고, 핵심 내용을 요약할 수 있는 능력을 기른다.

핵심이 되는 문장 찾기 문제는 주로 맨 앞이나 뒤에 등장하므로 처음과 마지막 문장을 꼼꼼하게 해석한다.

문제를 잘 읽고 이해한 후에 정확한 답을 고르기 위해 주어진 시간을 효율적으로 활용한다.

글의 목적을 묻는 문제에선 마지막 문장을 잘 해석하는 것이 중요하다. 특히 마지막 문장이 명령문으로 쓰인 문장이 바로 글 전체의 목적을 나타내는 경우가 많기 때문이다.

변화를 묻는 문제에서는 역접을 나타내는 접속사를 찾는 것이 중요하다. 역접 접속사가 등장하는 문장을 기준으로 앞뒤의 내용이 바뀌기 때문이다. 역접 접속사를 중심으로 등장하는 단어들을 비교하여 문장이 어떻게 변화하는지를 찾는다.

3. 말하기(Speaking)

주어진 주제에 대해 명확하고 구체적으로 의견을 표현한다. 주제와 관련된 예시나 경험을 사용하여 주장을 뒷받침한다.

발음과 억양을 신경 써서 명확하게 말한다. 자신의 의견을 분명하게 전달하는 데 집중한다.

시간을 효율적으로 활용하기 위해 주어진 시간 내에 핵심 아이디어를 제시하고 발전시켜 나간다.

대화할 때 자연스럽게 말하기 위해 자주 사용되는 표현이나 문장 패턴을 연습한다.

4. 쓰기(Writing)

주어진 주제에 대해 명확하고 일관된 논리로 글을 쓴다. 각 단락마다 핵심 아이디어를 제시하고 발전시켜 나간다.

문법과 어휘를 정확하게 사용하여 명확하고 자연스러운 문장을 구성한다. 다양한 문장 구조와 표현을 활용한다.

글의 구조와 흐름을 유지하기 위해 문단 간의 연결을 매끄럽게 한다. 각 문단이 서로 긴밀하게 연결되도록 노력한다.

시간을 효율적으로 활용하기 위해 문제를 잘 이해하고 쓰기 계획을 세운다. 각 단계를 명확하게 수행하여 완성된 글을 작성한다.

공부 잘하는 레시피

'수학'을 잘하려면 이렇게 공부해라

첫째, 기본 개념을 탄탄하게 이해하라.

수학에서 가장 중요한 것은 기본 개념을 이해하는 것이다. 이해하지 못한 기본 개념은 나중에 더 어려운 문제를 해결하는 데 곤란을 겪을 수 있다. 이해하기 쉽게 설명되고 이해할 수 있는 수준까지 기본 개념을 다시 보는 것이 매우 중요하다. 예를 들어, 대수학에서 '방정식'이란 무엇인지, 기하학에서 '삼각형'이란 무엇인지 등의 기본 개념을 이해하는 것이다. 또한 개념을 이해하기 위해 해당 개념에 대한 예시와 응용을 살펴본다. 이를 통해 개념을 실생활에서의 상황에 적용하는 방법을 이해할 수 있다. 다음으로 각 개념에는 특정한 용어와 기호가 있다. 이러한 용어와 기호를 이해하고, 개념과 함께 사용되는 수학적 표기법에 익숙해진다. 각 개념을 다양한 관점에서 바라보고 이해하는 것이 중요하다. 예를 들어, 각도를 기하학적인 관점에서 이해할 수도 있고, 삼각함수의 관점에서 이해할 수도 있다. 이해하지 못하는 부분이 있으면 선생님이나 친구에게 질문하고, 궁금증을 해결하기 위해 노력한다. 기본 개념을 완전히 이해하고 익힌 후에는 그것들을 다양한 문제에 적용하고 연습하여 실력을 향상시킬 수 있다. 필요한 경우 기본 개념을 복습하고 상화하는 것도 좋은 전략이다.

둘째, 꾸준한 연습과 복습으로 문제 풀이를 하라.

수학은 연습을 통해 향상된다. 다양한 종류의 연습 문제를 풀어 보고 반복적으로 연습하여 문제 해결 능력을 키울 수 있다.

1. 다양한 유형의 문제 풀기

다양한 유형의 문제를 풀어보면서 해당 개념을 여러 각도에서 이해할 수 있다. 문제 유형을 파악하고, 비슷한 유형의 문제를 연이어 풀어보는 것이 도움이 된다.

2. 꾸준히 연습하기

수학은 연습을 통해 향상되는 학문이다. 정기적으로 연습을 하여 익숙해지고 문제 해결 능력을 향상시킨다. 매일 조금씩이라도 문제를 푸는 습관을 기르는 것이 좋다.

3. 오답 문제 다시 풀기

틀린 문제를 다시 푸는 것은 중요하다. 왜 틀렸는지 이유를 분석하고, 부족한 부분을 보완하기 위해 해당 내용을 다시 학습하고 문제를 푸는 것이 필요하다.

4. 시간제한 연습하기

시험 상황을 흉내 내어 연습하는 것도 필요하다. 특히 시험 시간 내에 문제를 푸는 연습을 하여 시간 관리 능력을 향상시킨다.

5. 해설 및 피드백 확인하기

문제를 다 푼 후에는 해설이나 피드백을 확인하여 자신의 오답과 비교하고, 개선할 점을 파악한다. 다른 사람의 해설이나 피드백도 참고하여 자신의 풀이 방법을 개선한다.

6. 문제 해결 과정 기록하기

문제를 풀 때 어떤 과정을 거쳤는지 기록해 두면 나중에 비슷한 유형의 문제를 풀 때 도움이 된다. 어떤 방법이 가장 효과적인지를 기록하고, 효과적인 방법을 활용하여 문제를 푼다.

셋째, 문제 해결 능력을 향상시켜라.

1. 과정 이해하기

문제를 해결하는 과정을 이해하고, 어떤 수학적 개념이나 원리를 적용해야 하는지 파악하는 것이 중요하다.

2. 문제를 이해하기

먼저 문제를 정확히 이해하는 것이 우선이다. 문제에서 주어진 정보를 분석하고, 요구되는 것이 무엇인지 파악하라.

3. 단계적으로 접근하기

문제를 해결하기 위해 어떤 단계를 거쳐야 하는지 계획을 세운다. 각 단계를 순서대로 진행하면서 문제를 해결해 나간다.

4. 문제를 분해하기

문제를 작은 부분으로 나누어서 해결해 나가는 것이 도움이 된다. 각 부분을 개별적으로 해결하고, 그 결과를 통합하여 전체 문제를 해결해 본다.

5. 유사한 문제와 비교하기

비슷한 유형의 문제를 찾아보고, 이전에 비슷한 문제를 해결한 경험을 살펴본다. 이전 경험을 비탕으로 문제를 해결하는 데 도움이 될 수 있다.

6. 다양한 접근 방법 시도하기

문제를 해결하는 데 다양한 접근 방법을 시도해 본다. 경우에 따라 문제를 해결하는 데 여러 가지 방법이 있을 수 있다.

7. 필요한 도구와 지식 습득하기

문제를 해결하는 데 필요한 도구나 지식이 있다면 해당 도구나 지식을 습득한다. 예를 들어, 특정 수학 공식이나 개념을 알고 있어야 하는 경우가 있을 수 있다.

8. 해결 과정 기록하기

문제를 해결하는 과정을 풀이 노트로 기록하면서, 어떤 과정이 문제 해결에 효과적이었는지, 어떤 부분에서 어려움을 겪었는지 등을 파악한다. 풀이 노트를 습관화하는 것이 수학 성적을 효율적으로 올릴 수 있는 좋은 방법이다. 수학을 정말 잘하는 학생들을 보면 풀이 노트에 정말 꼼꼼하게 정리를 잘한다. 풀이 노트를 쓰게 되면 자기만의 방식이 체계화되고 나름의 법칙과 방식이 머리에도 잘 정리되어 남는다. 그렇다고 해서 깨끗하게 예쁘게 꾸미느라 시간을 낭비할 필요는 없다. 자신이 알아보기 쉽고 도움이 되도록 정리하면 된다.

넷째, 관련 자료를 활용하라.

다양한 학습 자료와 도구를 활용하여 수학적 개념을 이해하고 익히는 것을 뜻한다. 이를 통해 다양한 유형의 문제를 접하고, 자신의 이해도를 확인하고, 더 나은 방법으로 문제를 해결할 수 있는 능력을 키울 수 있다. 여러 가지 관련 자료를 활용하는 방법에는 다음과 같은 것들이 있다.

1. 교과서

수학 교과서는 기본적인 개념을 다루는 데 매우 유용하다. 교과서를 참고하여 기본 개념을 이해하고, 예제 문제를 풀어보며 실력을 향상시킬 수 있다.

2. 보조 교재

교과서 외에도 참고서 등 보조 교재를 활용하여 다양한 문제를 푼다. 보조 교재는 추가적인 예제와 설명을 제공하여 수학을 더 깊이 이해할 수 있도록 도와준다.

3. 인터넷 자료

온라인에서는 다양한 수학 자료를 찾아볼 수 있다. 수학 학습 사이트, 강의 동영상 등을 활용하여 학습 자료를 찾아본다.

4. 모의고사 등 시험 연습

모의고사 등 시험 연습을 통해 실제 시험 상황을 따라하여 수학 문제를 해결하는 데 익숙해질 수 있다. 또한 오답을 분석하고 부족한 부분을 보완할 수도 있다.

이러한 관련 자료를 활용하여 수학을 학습하고 연습하면, 보다 효과적으로 수학을 이해하고 능력을 향상시킬 수 있을 것이다. 필요한 경우 다양한 자료를 조합하여 사용하면 수학 학습을 지속적으로 발전시킬 수 있다.

다섯째, 신중하게 오답을 분석하라.

'신중하게 오답을 분석하라'는 수학을 잘하기 위한 중요한 전략 중 하나이다. 틀린 문제를 분석하고 오답의 이유를 파악하는 것은 더 나은 학습을 위해 매우 중요하다. 이를 통해 자신의 부족한 부분을 파악하고 보완할 수 있다. 이 전략을 사용하기 위한 방법을 알아보자.

1. 문제를 다시 살펴보기

틀린 문제를 다시 살펴보면서 문제를 잘못 이해했거나 오해한 부분이 있는지 확인한다. 문제를 다시 읽고, 주어진 조건과 요구사항을 명확히 이해하는 것이 중요하다.

2. 오답의 원인을 파악하기

왜 틀렸는지를 분석한다. 틀린 이유를 명확히 이해하고, 틀린 해결 과정에서 어디서 실수했는지를 찾아낸다.

3. 부족한 개념을 보충하기

틀린 문제가 특정 개념을 이해하지 못했거나 약점이 드러낸다면 해당 개념을 다시 학습한다. 교과서나 인터넷을 활용하여 부족한 부분을 보충한다.

4. 해설을 찾아보기

틀린 문제의 해설이나 모범 답안을 찾아본다. 정답과의 차이점을 비교하고, 해설을 통해 올바른 해결 방법을 익힐 수 있다.

5. 비슷한 유형의 문제를 연습하기

비슷한 유형의 문제를 다시 풀어보면서 비슷한 상황에서는 어떻게 해결해야 하는지를 익힐 수 있다. 오답에서 배운 교훈을 적용하여 다시 도전해 본다.

> **6. 반복적으로 연습하기**
>
> 틀린 문제와 유사한 문제를 반복적으로 연습하면서 오답을 줄이면 개념을 더 잘 이해할 수 있다.

여섯째, 수학 시험 잘 보는 다양한 전략을 익혀라.

다음과 같은 전략을 활용하면 수학 시험을 잘 보고 좋은 성적을 얻을 수 있다. 항상 자신감을 갖고 문제에 접근하며, 실력을 발휘해 본다.

> **1. 문제를 해석하고 이해하기**
>
> 시험에서 제시된 문제를 꼼꼼하게 읽고, 주어진 문제를 정확하게 이해한다. 문제의 조건과 요구사항을 명확히 이해하는 것이 중요하다.
>
> **2. 문제 유형 파악하기**
>
> 시험 전에 다양한 유형의 문제들을 연습하고 익혀야 한다. 시험에서 어떤 유형의 문제가 출제될지 예측하고, 각 유형에 맞는 해결 방법을 익힌다.
>
> **3. 시험 시간 관리하기**
>
> 시험 시간을 효율적으로 활용한다. 각 문제마다 할당된 시간을 적절하게 분배하고, 시간이 남는 문제는 되도록 빨리 푼다.
>
> **4. 단계적으로 접근하기**
>
> 문제를 해결하는 과정을 단계별로 나누어서 접근한다. 각 단계를 순서대로 진행하면서 문제를 푼다.
>
> **5. 정확하게 계산하기**
>
> 계산 과정에서 실수를 줄이기 위해 정확하고 철저한 계산을 해라. 간단한 실수로 인해 전체 문제의 답이 달라질 수 있다.

공부 잘하는 레시피

6. 시험 전 복습하기

시험 전에 공부한 내용을 복습하고, 주요 개념과 공식들을 다시 기억한다. 이를 통해 시험에 자신감을 가질 수 있다.

7. 풀이 과정 표기하기

서술형 문제를 해결하는 과정을 명확하게 표기한다. 중간 단계에서의 계산이나 논리 과정을 간결하게 표현하여 채점자에게 이해하기 쉽게 전달한다.

8. 실전처럼 연습하기

시험 분위기를 만들어 실전과 비슷한 환경에서 연습한다. 모의고사나 과거 시험지를 활용하여 실전에 대비하면 좋다.

방학 기간에 공부의 밀도를 높여라

학교에 나가지 않고 쉼표를 찍는 방학은 놓을 방(放), 배울 학(學)의 한자를 쓴다. 풀이하면 '배움을 놓는다'이다. 더위가 심할 때 여름방학, 추위가 심할 때 겨울방학을 실시한다. 일정 기간 수업을 쉬는 것이다. 학기 중에 쌓은 피로와 스트레스를 풀고, 에너지를 회복한다는 뜻을 담고 있다. 또한 학기 중에는 하지 못한 취미나 관심사를 배우거나 지난 학기에 배운 것을 복습하거나 다음 학기에 배울 내용을 예습할 수 있다. 방학 기간을 이용하여 여행이나 체험학습을 하며 가족이나 친구와 더 많은 시간을 함께할 수 있는 등 다양하게 배우며 지낼 수 있는 중요한 시간이다. 이렇게 방학을 잘 활용하면 몸과 마음의 건강을 유지하면서 자신의 성장과 학습 성과를 높일 수 있다. 그럼 방학 기간을 잘 활용하여 공부의 밀도를 높일 수 있는 방법을 알아보자.

첫째, 방학 기간의 목표 설정하기

방학 동안 달성하고자 하는 목표를 명확히 설정한다. 예를 들어, 부족한 과목의 성적을 올리거나, 새로운 취미, 특기 등을 배우는 것처럼 구체적인 목표를 세우면 동기 부여가 된다.

1. 구체적인 목표 설정

목표를 구체적이고 명확하게 설정해야 한다. 예를 들어, "수학 공부하기"보다는 "매일 수학 문제 20문제 풀기"처럼 구체적인 목표를 세우는 것이 좋다.

2. 측정 가능한 목표

설정한 목표는 측정 가능해야 한다. 목표 달성 여부를 확인할 수 있도록 구체적인 수치나 기준을 설정해야 한다. 예를 들어, "영어 단어 20개 외우기", "일주일에 3번 독서하기"와 같이 측정 가능한 목표를 세운다.

3. 달성 가능한 목표

현실적으로 달성 가능한 목표를 설정한다. 너무 많거나 어려운 목표를 설정하면 중도에 포기할 가능성이 높아진다. 자신의 능력과 현재 상황을 고려하여 실현 가능한 목표를 정해야 한다.

4. 관련성 있는 목표

자신의 장기적인 꿈이나 관심사와 관련이 있는 목표를 설정한다. 예를 들어, 장차 의사가 되고 싶다면 과학과 생물학 공부에 중점을 두는 것이 좋다.

5. 시간제한이 있는 목표

목표에 시간제한을 둔다. "방학 끝날 때까지", "한 달 안에"처럼 특정 기한을 설정하면 목표 달성에 집중할 수 있다.

6. 단계별로 설정된 목표

큰 목표를 작은 단계로 나눈다. 예를 들어, "방학 동안 책 3권 읽기"라는 큰 목표를 "첫째 주에 첫 번째 책 읽기", "둘째 주에 두 번째 책 읽기"처럼 단계별 목표로 세분화하면 더 쉽게 접근할 수 있다.

7. 목표 기록 및 시각화

목표를 기록하고 시각화하면 더 쉽게 기억하고 동기 부여를 유지할 수 있다. 다이어리나 목표 달력, 포스트잇 등을 활용하여 눈에 잘 띄는 곳에 목표를 적어둔다.

8. 주기적인 점검과 조정

목표 달성을 위해 주기적으로 점검하고 필요시 조정한다. 매주나 격주로 목표 달성 여부를 점검하고, 필요한 경우 목표를 수정하거나 보완해 나간다.

9. 보상 시스템 설정

목표를 달성했을 때 자신에게 보상을 주는 것도 좋은 방법이다. 예를 들어, "하루 목표 달성 시 좋아하는 간식 먹기", "주간 목표 달성 시 영화 보기" 등이다. 자기가 좋아하는 것으로 작은 보상을 설정하면 동기 부여가 될 수 있다.

둘째, 방학 기간 일정 관리하기

효과적인 공부를 위해 일정을 세우는 것이 중요하다. 하루, 일주일, 한 달 단위로 계획을 세워 본다. 시간을 적절히 분배하고, 공부와 휴식을 균형 있게 배치하는 것이 좋다.

방학 계획의 일정표 작성하기

방학 계획이 지나치게 빡빡하면 지키기 어려울 수 있으므로 여유 시간을 포함해 유연하게 일정표를 작성한다.

1. 일간 일정표

시간 단위로 계획 세운다. 하루를 시간 단위로 나누어 어떤 활동을 할지 짜본다. 예를 들어, 9시부터 10시까지 수학 공부, 10시부터 11시까지 영어 공부 등으로 세분화한다.

2. 주간 일정표

주요 목표 설정한다. 한 주 동안 달성하고자 하는 주요 목표를 설정한다. 예를 들어, 수학 문제집 한 챕터 끝내기, 영어 단어 100개 외우기 등이다. 또한 일정을 조율한다. 매주 말에 다음 주 일정을 조율하고 수정해 나간다.

3. 시간 블록 사용

하루 중 집중력이 가장 높은 시간을 찾아 그 시간에 가장 중요한 공부를 배치한다. 그리고 충분한 휴식 시간을 블록으로 구성해 본다. 예를 들어, 매 50분 공부 후 10분 휴식 등이다.

4. 우선순위 설정

해야 할 일을 중요도와 긴급도에 따라 우선순위를 설정한다. 가장 중요한 일을 먼저 처리하고, 덜 중요한 일은 나중에 한다. 그리고 매일 아침 또는 전날 밤에 다음 날의 할 일 목록을 작성한다. 완료한 일은 체크하여 스스로에게 칭찬하며 성취감을 느낀다.

5. 균형 잡힌 일과

공부 시간뿐만 아니라 운동, 취미, 휴식 시간을 균형 있게 배치한다. 예를 들어,

공부 잘하는 레시피

오전에는 공부, 오후에는 운동과 취미 활동 등으로 짜본다.

6. 주기적인 평가와 조정

매주 말에 한 주간의 일정을 되돌아보고, 잘된 점과 개선할 점을 분석한다. 필요에 따라 목표와 일정을 조정할 수 있다.

□ **일간 일정표(예시)**

08:00 - 09:00: 아침 운동 및 식사

09:00 - 11:00: 수학 공부 (문제 풀이)

11:00 - 11:30: 휴식

11:30 - 13:00: 영어 공부 (단어 외우기 및 독해)

13:00 - 14:00: 점심 및 휴식

14:00 - 16:00: 코딩 연습

16:00 - 16:30: 휴식

16:30 - 18:00: 과학 공부 (강의 시청 및 필기)

18:00 - 19:00: 저녁 식사 및 휴식

19:00 - 20:00: 취미 활동 (독서, 악기 연습 등)

20:00 - 21:00: 복습 및 정리

21:00 - 22:00: 자유 시간 및 휴식

□ **주간 일정표(예시)**

월요일: 수학 집중 공부 (문제집 1~2장)

화요일: 영어 집중 공부 (단어 외우기, 독해 연습)

수요일: 코딩 프로젝트 진행

목요일: 과학 실험 및 이론 공부

금요일: 사회 과목 정리 및 복습

토요일: 주간 복습 및 부족한 부분 보충

일요일: 휴식 및 다음 주 계획 세우기

이렇게 구체적으로 일정을 관리하면 방학 동안 효과적으로 공부할 수 있을 것이다. 계획을 세우고 실천하면서 자신에게 맞는 일정을 찾아간다.

공부 잘하는 레시피

방학 스터디 플래너 활용

스터디 플래너나 다이어리를 사용하여 공부 계획을 기록한다. 매일 해야 할 일을 체크 리스트로 만들어 하나씩 완료해 나가는 것이 동기 부여에 도움이 된다.

1. 스터디 플래너 선택
스터디 플래너는 종이 플래너와 디지털 플래너가 있다. 전통적인 종이 플래너는 직접 쓰면서 계획을 시각화할 수 있어 좋고, 구글 캘린더 등의 디지털 도구는 접근성과 수정이 용이하다. 스스로 편하게 쓸 수 있는 플래너를 고르도록 한다.

2. 목표 설정 및 세부 목표 구성
방학 동안 달성하고자 하는 큰 목표를 설정한다. 예를 들어, '수학 점수 올리기', '영어 실력 향상' 등이다. 큰 목표를 달성하기 위해 주별, 월별 세부 목표로 나눈다. 예를 들어, '첫 주는 함수 챕터 공부하기', '둘째 주는 미적분 챕터 공부하기' 등이다.

3. 시각화 도구 활용
월간, 주간, 일간 캘린더 등을 사용해 전체 일정을 시각적으로 확인한다. 이를 통해 전체적인 공부 계획을 한눈에 볼 수 있다. 과목별로 색상을 다르게 하여 일정표에 표시하면 시각적으로 더 쉽게 구분할 수 있다.

첫째, 방학 기간 집중할 수 있는 환경 조성하기

집중할 수 있는 환경을 만들고, 방해 요소를 최소화한다. 조용한 장소에서 공부하고, 스마트폰이나 기타 방해 요소를 멀리 두는 것이 좋다.

1. 조용하고 깨끗한 공간 선택

집 안에서 한 곳을 골라서 공부 공간으로 정해 일관성 있게 사용한다. 자기 방 또는 특정 장소가 공부하는 곳으로 인식되면 집중력이 높아진다. 소음을 차단하도록 하고, 귀마개나 노이즈 캔슬링 헤드폰을 사용하는 것도 좋다.

2. 정리 정돈

지저분한 환경은 주의를 분산시키니 공부에 필요한 것들만 책상 위에 놓고, 나머지는 치워둔다. 자주 사용하는 물품들을 쉽게 접근할 수 있는 곳에 배치하여 중간에 자리를 떠나는 일이 없도록 한다.

3. 적절한 조명

자연광은 집중력과 기분을 좋게 하는 효과가 있다. 가능한 한 자연광이 잘 들어오는 장소에서 공부한다. 자연광이 부족할 때는 책상용 스탠드를 사용해 밝고 고르게 빛을 조절한다. 눈에 부담이 가지 않도록 충분한 조명을 확보하는 것이 중요하다.

4. 편안한 의자와 책상

장시간 앉아 있어도 편안한 인체공학적 의자를 사용한다. 자세를 바르게 유지하는 데 도움이 된다. 책상의 높이가 적절하여 앉았을 때 편안한 자세를 유지할 수 있도록 해 준다.

5. 디지털 디톡스

공부하는 동안 스마트폰과 기타 방해가 되는 전자기기를 멀리한다. 필요할 때만 사용하도록 하고, 알림을 꺼두는 것도 좋다. 인터넷 사용이 필요한 경우를 제외하고는 인터넷 차단 앱을 사용하여 불필요한 웹 서핑을 막도록 한다.

6. 공부에 필요한 도구 준비

필기도구, 노트, 참고서 등 필요한 학습 도구를 미리 준비해 둔다. 중간에 자리를 떠나지 않도록 모든 것을 갖추어 놓는 것이 좋다. 중간에 자리를 떠나면 공부의 맥락이 떨어지고 딴짓을 할 수 있다.

7. 시간 관리

공부 시간과 휴식 시간을 블록으로 나누어 관리하라. 예를 들어, 50분 공부 후 10분 휴식 같은 방식으로 시간을 관리하면 효율적이다. 타이머를 사용해 일정 시간 동안 집중하고, 정해진 시간이 지나면 휴식하는 방식을 사용한다.

8. 휴식 공간 구분

공부 공간과 휴식 공간을 분리하여 공부할 때는 온전히 집중하고, 휴식할 때는 제대로 쉴 수 있도록 한다.

이렇게 집중할 수 있는 환경을 조성하면 공부 효율이 높아지고, 방학 동안 목표를 달성하는 데 큰 도움이 될 것이다. 꾸준히 실천하며 자신에게 가장 잘 맞는 환경을 조성한다.

둘째, 방학 기간 운동과 건강 관리하기

건강한 신체가 건강한 정신을 만든다. 규칙적인 운동을 하고, 균형 잡힌 식사를 하며 건강을 유지하도록 한다.

1. 일정 만들기

매주 일정한 시간에 운동을 할 수 있는 시간을 배치한다. 일관된 일정을 유지하면 운동 습관을 쉽게 만들 수 있다. 산책, 등산, 농구, 축구, 배드민턴, 배구, 자전거 타기, 걷기, 에어로빅, 댄스 등 건강을 유지하기 위한 자기가 좋아하고 자기에게 맞는 다양한 활동을 일정에 포함한다.

2. 다양한 운동 방법 시도

방학 기간에 좋아하는 운동을 취미 삼아 즐기는 것도 좋은 방법이다. 걷기, 달리기, 수영 등의 유산소 운동은 심혈관 기능을 향상 시키고 체지방을 감소시키는 효과가 있다. 또한 근력 운동을 통해 근육을 강화할 수 있다. 필요하다면 헬스장을 이용하거나, 집에서 할 수 있는 스쿼트, 아령 등 운동도 가능하다. 요가, 필라테스, 스트레칭 등의 유연성 운동을 통해 관절 유연성을 높이고 근육을 이완시킬 수도 있다.

3. 영양 균형 잡힌 식습관 유지 및 규칙적인 수면

채소, 과일, 단백질, 탄수화물 등을 균형 있게 섭취하여 영양 균형을 유지한다. 견과류, 요구르트, 과일 등 건강한 간식을 먹고, 물을 충분히 마셔 신진대사를 원활하게 유지한다. 또한 규칙적인 수면 패턴을 유지하여 충분한 휴식을 취한다. 건강한 생활을 유지하는 데 매우 중요하다.

셋째, 방학 기간 새로운 취미나 스킬 배우기

방학 기간은 새로운 것을 배우기에 좋은 시간이다. 방학 기간 새로운 취미나 스킬을 배우는 것은 매우 흥미로운 활동이며, 개인적인 성장과 즐거움을 가져다줄 수 있다. 방학이 있는 의미 중 하나이다.

1. 관심 있는 분야 선택

먼저 자신이 흥미 있는 분야를 생각해 보고 선택한다. 예를 들어, 요리, 그림 그리기, 음악, 외국어 학습, 프로그래밍, 수공예 등 다양한 분야가 있다.

2. 학습 자료 수집 및 배우기

선택한 분야에 관한 온라인 강의, 블로그, 유튜브 비디오 등의 자료를 검색하고 수집한다. 관련된 전문 서적이나 학습 자료를 구입하여 정보를 얻는다. 전문가가 있는 학원에 가서 요리를 배우거나, 컴퓨터 프로그래밍 등을 배울 수 있다.

3. 실습과 연습

배운 내용을 실제로 실습하고 연습한다. 예를 들어, 요리를 배웠으면 레시피를 따라 요리를 해서 가족과 함께 먹을 수 있고, 그림을 배웠으면 습작한 그림을 친구들이나 가족들에게 보여 줄 수 있다. 실습하면서 발생하는 문제에 대한 해결책을 찾아보고, 실패와 오류를 통해 더 많이 배워 본다.

4. 커뮤니티와 함께하기

관련된 온라인 또는 오프라인 커뮤니티에 참여하여 다른 사람들과 좋은 정보를 공유하고 경험을 나누어 본다. 또는 가족이나 친구와 함께 새로운 취미나 스킬을 배우고 함께 연습하면 서로 동기 부여와 지원을 받을 수 있다.

04
자기 시간 관리를 하라

"시간을 잘 관리하는 것이 성공의 비결이다."

— 앨버트 아인슈타인

　자기 삶을 효율적으로 살기 위해서는 자기 시간 관리가 필요하다. 시간 관리하면 먼저 생각나는 것이 계획일 것이다. 그 계획은 하루, 일주일, 한 달, 일 년일 것이다. 그럼 공부하는 사람으로 자기 시간 관리를 효율적으로 하는 여덟 가지 방법을 알아보고, 시간 관리를 잘해 보자. 한 번 지나간 시간은 되돌릴 수 없어서 소중하다.

　첫째, '목표 달성 계획'을 세워라.
　효율적인 시간 관리를 위한 '목표 달성 계획'은 목표를 달성하기 위해 세부적인 계획을 세우는 것을 말한다. 목표를 구체화하고 달성 가능한 작은 단계로 나누어 일정을 관리하는 방법이다. 목표 달성 계획을 세우는 구체적인 단계를 살펴보자.

1단계: 목표 설정하기

먼저 달성하고자 하는 목표를 명확히 설정한다. 목표는 구체적이고 현실적이며 측정 가능해야 한다. 예를 들면, "한 달 안에 중간고사 시험에 대비하여 수학 성적을 향상하기"와 같은 목표를 설정할 수 있다.

2단계: 목표를 작은 단계로 쪼개기

설정한 목표를 달성하기 위해 필요한 단계를 작은 부분으로 나눈다. 이 단계들은 더 이상 나눌 수 없는 최소한의 단위이어야 한다. 예를 들면, "각 주별 정한 수학 문제집 완성하기"와 같은 단계를 나눌 수 있다.

3단계: 우선순위 정하기

나눈 단계 중에서 가장 중요한 것부터 우선순위를 정한다. 이를 통해 어떤 작업을 먼저 해야 할지를 파악하고, 중요한 작업에 집중할 수 있다. 예를 들면, 중요한 개념을 다시 공부하는 것이 문제 풀이보다 우선순위가 높을 수 있다.

4단계: 일정에 반영하기

정한 단계들을 실제 일정에 반영하여 일정을 계획한다. 목표를 달성하기 위해 필요한 시간을 충분히 확보하고, 각 단계를 언제 수행할지를 정확하게 결정한다. 이를 통해 목표를 달성하기 위한 일정을 세울 수 있다.

5단계: 일정을 조정하기

일정이 진행되는 동안 필요에 따라 일정을 조정한다. 예상치 못한 일이 발생하거나 우선순위가 변경된 경우에 일정을 조정하고 필요한 공부 일정을 재조정한다.

6단계: 평가와 수정하기

일정을 수행하면서 주기적으로 진행 상황을 평가하고, 필요한 경우 일정을 수정한다. 목표를 달성하기 위해 설정한 계획이 효과가 있는지를 확인하고, 필요한 대책을 세워 목표를 성공적으로 달성한다.

공부 잘하는 레시피

둘째, 계획을 유연성 있게 세워라.

계획의 유연성은 일정을 세울 때 예상치 못한 변화에 대비하여 조정할 수 있는 능력을 뜻한다. 계획의 유연성을 유지하는 것은 효율적으로 일정을 관리하고, 목표를 달성하는 데 도움을 준다. 그러므로 계속해서 상황을 파악하고 유연하게 대처할 수 있는 능력을 키워나간다. 아래는 계획의 유연성을 위한 몇 가지 방법이다.

1. 여유 시간 확보하기

일정을 만들 때 각 공부에 충분한 여유 시간을 확보한다. 예상치 못한 일정 변경이나 우선순위 변화에 대비하여 일정을 조정할 수 있는 여유를 만들어 두는 것이 중요하다. 일정 변경이 없을 시에는 여유 시간을 공부 시간으로 확보한다.

2. 우선순위 재조정하기

예상치 못한 일이 발생했을 때, 우선순위를 재조정하고 중요한 공부에 먼저 집중한다. 중요한 공부를 하고 나머지 일정을 조정할 수 있도록 한다.

3. 유연한 계획 수립하기

초기 계획을 세울 때 완벽한 일정을 만들려고 하지 말고, 유연성을 고려하여 계획을 수립한다. 예상치 못한 일정 변경에 대비할 수 있도록 여러 시나리오를 고려하여 계획을 세우는 것이 좋다.

4. 실시간으로 조정하기

일정이 진행되는 동안 계획을 실시간으로 조정하고 공부를 재분배한다. 필요한 경우 추가적인 시간을 할애하거나 재조정하여 예상치 못한 일정 변경에 빠르게 대응한다.

　셋째, 매일 할 일에 우선순위를 설정하여 할 일 목록(To-Do 리스트)에 작성하라.

　중요한 일부터 순서대로 나열하고 우선순위를 정해야 한다. 중요한 일을 식별하기 위해서는 아이젠하워 매트릭스(Eisenhower Matrix)의 우선순위 분류법 도구를 이용할 수 있다. 일의 긴급성과 중요성에 따라 네 가지로 분류한다.

1. 긴급하고 중요한(Urgent and Important)

2. 긴급하지 않지만 중요한(Not Urgent but Important)

3. 긴급하지만 중요하지 않은(Urgent but Not Important)

4. 긴급하지도 중요하지도 않은(Not Urgent and Not Important)

　네 가지 분류를 자기 공부와 연관시켜 생각해 보고 계획을 하는 것도 시간을 효율적으로 관리하는 것이 된다. 이외에도 캘린더앱, 할 일 관리 앱 또는 플래너를 사용하여 일정 관리를 해 본다.

넷째, 하루를 일정한 시간 단위로 블록화하여 공부를 계획하고 관리하는 시간 블록화 (Time blocking) 방법을 사용하라.

각 블럭에 수업 시간, 오후 활동, 학원 시간, 집에서 보내는 시간, 주말 활동 등에 할당하고, 해당 시간 동안 그 활동에 집중한다. 이를 통해 시간을 효율적으로 활용하고 공부에 집중할 수 있다. 집중할 수 있는 시간과 휴식이 필요한 시간을 교대하면서 블럭을 배치한다. 집중력이 높은 시간에는 주요 과목을 할당하고, 휴식이 필요한 시간에는 쉬도록 한다. 그리고 일정이 변경되거나 예상치 못한 일이 발생할 경우, 블럭을 조정하고 재배치하여 일정을 유연하게 관리한다.

다섯째, 시간을 효과적으로 활용하기 위해 시간 관리를 잘한 방법을 배워라.

시간 관리를 잘 하기로 유명한 전문가 중 한 분이 마이크로소프트의 공동 설립자인 빌 게이츠이다. 마이크로소프트를 창업하고 이끌어 가던 시절, 그는 늘 바쁜 일정 속에서도 시간을 낭비하지 않기 위해 철저한 시간 관리 전략을 세웠다. 빌 게이츠의 TED 강연이나 비즈니스 잡지와의 인터뷰 등을 통한 시간 관리의 비결을 살펴보았다. 우선 그는 하루를 작은 시간 블록으로 나누는 '블록 스케줄링' 기법을 사용했다. 그는 하루를 30분 단위로 나누어 각 블록마다 특정한 업무를 할당했다. 예를 들어, 아침 8시부터 8시 30분까지는 이메일 확인, 8시 30분부터 9시까지는 미팅, 9시부터 9시 30분까지는 코딩 등으로 세밀하게 계획했다. 그는 한 가지 일에 집중할 수 있었고, 불필요한 시간 낭비를 줄일 수 있었다. 또한 우선순위를 설정하여 항상 중요한 일부터 처리했다. 예를 들어, 마이크로소프트의 중요한 프로젝트 회의가 있을 때는 다른 일정을 모두 조정하여 그 회의에 집중했다. 이를 통해 그는 중요한 일을 미루지 않고 제때 처리하여 시간 낭비를 막았다. 시간 관리 전략 덕분에 빌 게이츠는 마이크로소프트를 세계적인 기업으로 성장시킬 수 있었다. 그의 철저한 시간 관리는 단순히 바쁜 일정을 효율적으로 처리하는 데 그치지 않고, 혁신과 창의성을 발휘할 수 있는 기반이 되었다. 게이츠의 시간 관리 방법은 오늘날에도 많은 사람들이 본받고 있으며, 그의 성공 비결 중 하나로 널리 알려져 있다.

여섯째, 시간 관리를 실패하는 경우를 파악하라.

학생 중에 계획은 잘 세웠으나 실천하는 중에 시간을 지키지 못해 실패하는 경우가 종종 있다. 그렇다면 게을러서만 시간 관리에 실패할까? 꼭 그렇지만은 않다. 그럼 그 이유를 살펴보자.

1. 목표 설정의 부족

명확한 목표나 계획이 없으면 무엇을 언제 해야 할지 혼란스러워진다. 목표가 없으면 동기 부여가 어려워지고, 이는 시간 관리를 방해한다.

2. 우선순위 설정의 부족

모든 과제와 활동이 동일하게 중요하다고 생각하면 어떤 것부터 시작해야 할지 몰라서 시간 낭비가 발생할 수 있다. 중요한 일을 미루고 덜 중요한 일에 시간을 소비할 가능성이 높다.

3. 계획 부족

일정을 세우지 않거나 계획을 잘못 세우면 중요한 일을 놓치기 쉽다. 계획 없이 일을 처리하다 보면 비효율적으로 시간을 사용할 수 있다.

4. 집중력 부족

주변의 방해 요인(예: 스마트폰, 소셜 미디어, TV 등)이 많으면 집중력이 떨어진다. 집중하지 못하면 시간이 오래 걸리거나 과제를 끝내지 못할 수 있다.

5. 완벽주의

모든 일을 완벽하게 하려고 하다 보면 시간이 오래 걸리고, 다른 중요한 일을 할 시간이 부족해질 수 있다. 완벽을 추구하다 보면 일을 시작하기 어려워지고, 이는 미루는 습관으로 이어질 수도 있다.

6. 미루는 습관

해야 할 일을 미루면 마감 기한에 쫓기게 되고, 이는 스트레스와 비효율적인 시간 관리로 이어진다. 미루는 습관은 종종 두려움이나 불안감에서 비롯되기도 한다.

7. 실행력 부족

계획을 세웠지만 실행하지 않으면 아무 소용이 없다. 실행력 부족은 동기 부여와 관련이 있으며, 이는 종종 목표나 비전의 부족에서 비롯된다.

8. 과도한 부담

한 번에 너무 많은 일을 맡거나 무리한 목표를 세우면 지치고 포기할 가능성이 높다. 과도한 부담은 스트레스와 번아웃으로 이어질 수 있다.

이러한 문제들을 해결하기 위해서는 목표 설정, 우선순위 정하기, 계획 세우기, 방해 요소 제거, 현실적인 기대 설정, 실행력 강화, 자기 통제력 강화 등이 필요하다. 학생들은 이러한 문제를 인식하고 개선하려는 노력이 중요하다.

일곱째, 자투리 시간을 잘 활용하라.

'자투리 시간'이란 매우 짧은 시간 동안 수행할 수 있는 간단한 작업을 위해 사용되는 시간을 말한다. 예를 들어 버스를 기다리는 동안, 전화를 기다리는 동안, 식사 전에 몇 분 동안의 시간 등과 같이 길지 않은 시간 동안 수행할 수 있는 작업이나 활동을 뜻한다. 이런 자투리 시간을 활용하면 바쁜 일정 속에서도 작은 일들을 해결할 수 있고, 시간을 더 효율적으로 활용할 수 있다. 이러한 시간을 활용하여 읽기, 메모 작성, 전화 통화, 몇 가지 운동을 하는 등의 활동을 할 수 있다. 자투리 시간을 잘 활용하면 작은 시간 동안에도 많은 일을 해낼 수 있다. 하루 중에 많이 존재하는 자투리 시간을 모아서 공부 시간에 할애하는 것은 정말 유효한 공부법 중 하나이다. 자투리 시간을 효과적으로 활용하여 좋은 성과를 낸 사례 살펴보며 나에게도 응용 해 보자.

1. 독서 하기

자투리 시간을 활용하여 독서 하는 것은 매우 유용하다. 예를 들어 전철이나 버스 등을 이용할 때나 식사 전후에 몇 분 동안 책을 읽는 것은 매일 꾸준히 지식을 습득하고 자기 계발을 이루는 데 도움이 된다.

2. 언어 공부하기

모바일 애플리케이션을 활용하여 자투리 시간에 언어를 학습하는 것도 효율적이다. 예를 들어, 나 같은 경우는 직장에 가는 동안 영어 회화를 차에 틀어 놓고 쉬운 문장은 따라 한다. 언어 학습 애플리케이션을 이용하여 버스를 기다리는 동안 단어를 외우거나 문장을 듣고 따라 말하는 등의 활동을 할 수 있다.

3. 운동하기

자투리 시간을 활용하여 간단한 운동을 하는 것은 건강에 좋다. 예를 들어, 계단을 이용하여 업다운하거나, 학원 가는 시간이 조금 남았으면 농구를 가볍게 하는 등 운동을 자주 하는 것이 몸과 마음에 좋은 성과를 낼 수 있다.

4. 목표 설정과 계획 세우기

자투리 시간을 활용하여 오늘 하루의 목표를 설정하고 계획을 세우는 것도 좋은 방법이다. 이를 통해 목표를 달성하기 위한 작은 단계를 계획하고 실행할 수 있다.

5. 창작 활동하기

예술적이거나 창의적인 활동을 즐기는 사람들은 자투리 시간을 활용하여 작품을 만들 수 있다. 예를 들어, 스케치를 그리거나 메모를 작성하는 등의 활동을 할 수 있다.

"시간을 헛되이 하지 마라. (Carpe diem)"

— 호라티우스

05
배운 내용을 체계적으로 정리해라

배운 내용을 체계적으로 정리하는 방법

배운 내용을 체계적으로 정리하면 공부한 내용을 기억하기가 더 쉬워지고 학습의 효율성이 향상된다. 또한 내용을 정리하면 자신의 생각을 논리적으로 구성하고 표현할 수 있는 능력도 향상될 것이다. 이제 정리하는 방법을 배워보자.

첫째, 주요 주제와 세부 내용을 파악하라.
배운 내용을 다시 읽어 보고, 주요 주제와 각 세부 내용을 파악한다. 각 주제와 세부 내용을 명확하게 이해하는 것이 중요하다. 이를 위해서는 수업 시간에 '듣기'에 집중을 해야 한다. 수업에 대해 미리 예습하면 수업이 더 잘 들리고 주제와 내용 파악이 매우 쉬워진다.

둘째, 수업이나 강의를 들으면서 핵심 포인트를 정리하고 요약하라.

핵심 포인트는 주요 개념, 중요한 사실, 키워드 등을 포함한다. 이때는 간결하고 명확하게 표현하는 것이 중요하다. 요약 및 정리를 할 때 일반적으로는 크기가 적당하고 편리하게 들고 다니기 쉬운 노트를 선택하는 것이 좋다.

셋째, 노트는 주제별로 작성하라.

각 주제의 제목을 적고, 그 아래에 해당 주제와 관련된 세부 내용을 순서대로 정리해 나간다. 정리할 때 구조화 방법을 사용하는데, 순차적으로 나열하는 방법, 비교와 대조하는 방법, 문제와 해결책을 나타내는 방법 등을 활용할 수 있다.

넷째, 그래픽을 활용하여 시각적으로 표현하라.

텍스트뿐만 아니라 그래프, 차트, 그림, 표 등을 활용하여 정보를 시각화하고 이해하기 쉽게 만들어 정리할 수 있다.

다섯째, 색을 사용하여 강조 표시하라.

중요한 내용이나 키워드를 색상이나 강조로 표시하여 시각적으로 눈에 띄도록 한다. 보통 세 가지 색 볼펜을 사용하는데 주요한 내용은 빨간색, 일반 내용은 검은색, 보충 설명할 때는 파란색 등을 사용한다. 이는 나중에 복습할 때 핵심 내용을 빠르게 찾을 수 있도록 도와준다.

여섯째, 정돈과 관리가 잘된 노트를 작성하라.

노트를 깨끗하고 정확하게 유지하되 필요한 경우, 자기 스타일로 자기만 알아보게 해도 무방하다. 필요한 경우에는 주기적으로 정리하고 업데이트해서 복습할 때 사용한다.

정리를 위한 다양한 노트 사용 전략 익히기

> "무언가를 적는다는 것은 그것을 실현하는 첫걸음이다."
>
> — 리 율크

나는 학교 다닐 때 색 볼펜과 연필, 검정 볼펜 등을 이용해서 노트 정리를 잘했다. 시간과 공을 들여가며 노트를 정리하고 정리한 내용을 중심으로 교과서와 노트를 가지고 시험 공부도 했다. 수학 학원에 간 어느 날 수학을 풀이한 노트를 꺼내서 보고 있었는데, 옆 반에 있는 여학생이라며 어제 수학을 못 들어 정리된 노트가 필요하니, 빌려달라고 하였다. 말끔해 보이는 여학생이라 금방 보고 돌려달라며 노트를 빌려주었는데, 학원 시간이 끝나도록 돌려주지 않았다. 옆 반에 가 보니, 그 말끔한 여학생은 없었다. 그야말로 내 노트를 가지고 가버린 것이다. 그날 밤 너무 속상하고 억울하고 노트가 생각나서 잠을 못 잤다. 일주일 내내 옆 반에 가서 서성였으나, 그 여학생은 만날 수 없었다. 노트도 아깝지만 내 노력과 정성을 훔쳐 간 느낌으로 그 학원을 그만둘 때까지도 생각만 하면 기분이 나빴다. 전체를 돌아다니고 선생님에게 신고하면 되는 것 아니냐고 묻겠지만, 난 그 나이에 소심하고 나서는 걸 싫어하는 성격이라 그렇게 못 했다. 노트에 정성을 들여 본 적 있는 독자들은 내 말을 이해하리라 생각한다. 이제 노트 사용 전략에 대해 알아보자. 노트 사용 전략은 학습하고

자 하는 목표와 공부 방식에 따라 다양하다. 교육 분야의 학술 저널, 교육 관련 사이트나 블로그, 온라인 커뮤니티에서도 다양한 필기법에 대한 정보를 얻을 수 있으며, 각각의 필기법은 학습 목표와 개인적인 선호도에 따라 선택하여 활용할 수 있다. 몇 가지 일반적인 노트 사용 전략을 소개해 본다.

첫째, 코넬식 노트 필기법(Cornell Note-taking System)이다.
학습한 내용을 효율적으로 정리하고 기억하기 위한 방법 중 하나로 주요 내용을 요약하고 복습하는 데 도움이 되며, 주로 수업이나 강의 중에 사용된다. 코넬식 노트 필기법의 주요 특징은 다음과 같다.

1. 노트 공간 구분

노트 공간을 노트 필기란, 단서란, 요약란으로 나누어 구분한다. 인치로 되어 있는데 1인치가 2.54cm이니 대략 계산해서 만들거나, 코넬식 노트를 사면 된다.

2. 노트 필기란

수업이나 강의를 들으면서 중요한 내용과 키워드를 왼쪽 열에 작성한다. 각 항목은 간결하고 요약된 형태로 작성한다. 선생님께서 말씀하신 내용을 그대로 옮겨 적기보다는 자신만의 표현법으로 바꾸어 작성하면 더욱 좋다.

3. 단서란

단서란은 질문을 기록하는 것이다. 단서란에는 노트 필기란에 쓴 내용의 요점이나 질문을 쓴다. 수업이 끝난 직후 바로 오른편에 필기한 것을 토대로 머릿속에 떠오르는 키워드나 질문들을 만들어 보라. '질문을 적는 것'은 의미와 내용 관계를 명확하게 해 주며, 기억력을 강화해 준다.

4. 요약란

　수업이나 강의가 끝난 후, 페이지의 하단에 해당 내용의 요약을 작성한다. 해당 주제를 다시 복습하고 내용을 정리하는 데 도움이 된다.

　코넬식 노트 필기법은 노트를 작성하는 과정에서 핵심 내용을 정리하고 요약하여 학습 효율을 높이는 데 도움이 된다. 또한, 나중에 내용을 다시 복습할 때 빠르게 핵심 내용을 파악할 수 있는 장점이 있다.

Title	
단서란 (Cue Column) ↔ 2.5inch	노트 필기란(Note Taking Area) ↔ 6inch
요약란(Summaries) 2inch↕	

둘째, 마인드맵(Mind Mapping)이다.

이 내용은 '3. 스스로 혼자서 공부하는 방법을 배워라'에서 설명했다. 기억이 나지 않는다면 다시 돌아가서 확인하기를 바란다. 핵심적인 내용은 다음과 같다.

1. 중심 주제를 중심으로 시작하여 각각의 하위 주제를 가지치기 형태로 연결한다.

2. 주제와 하위 주제는 간결하고 요약된 형태로 작성하여 시각화한다.

3. 주제와 주제 사이에는 분절된 선이나 도형으로 연결한다.

```
Title: 자료 수집 과정(예시)
 |
 |-- Main Point: 자료 수집
 |
 |-- Sub topic: 목적 설정
 |    |-- Note: 자료 수집의 목표 설정
 |
 |-- Sub topic: 자료 필요성 확인
 |    |-- Note: 필요한 자료 결정
 |
 |-- Sub topic: 자료 원천 식별
 |    |-- Note: 자료 출처 결정
 |
 |-- Sub topic: 자료 수집 방법 선택
 |    |-- Note: 수집 방법 결정 (인터뷰, 설문조사 등)
 |
 |-- Sub topic: 자료 수집 실행
 |    |-- Note: 자료 실제 수집
 |
 |-- Sub topic: 자료 검증 및 정리
 |    |-- Note: 자료 검증 및 정리
 |
 |-- Subtopic: 자료 분석 및 해석
 |    |-- Note: 자료 분석 및 해석
 |
 |-- Sub topic: 결과 보고
      |-- Note: 결과 작성 및 보고
```

셋째, 아워 노트법이다.

아워 노트법(Outline Note-taking Method)은 간단하고 효과적인 필기법 중 하나이다. 이 방법은 강의, 강연, 독서, 스터디 등 다양한 상황에서 활용될 수 있다. 주요 내용을 포함한 개요(Outline)를 작성하는 것이 특징으로 다음과 같은 단계로 구성된다.

1. 제목 및 주제 설정
노트의 상단에 강의나 독서의 주제를 명확하게 설정한다.

2. 순서화된 개요 작성
주요 주제와 세부 내용을 순서화된 개요 형태로 작성한다. 주요 주제는 보통 큰 글씨로 표시하고, 세부 내용은 들여쓰기를 활용하여 구분한다. 이때 주요 내용이나 세부 내용을 요약하여 작성한다.

3. 핵심 단어 및 문장 강조
중요한 개념이나 키워드를 강조하여 표시한다. 이를 통해 빠르고 쉽게 내용을 찾을 수 있다.

4. 공백 및 여백 활용
노트의 공백을 활용하여 추가 정보나 생각을 기록할 수 있다. 또한 노트 간의 여백을 활용하여 필요한 경우 추가 내용을 추가할 수 있다.

5. 시각적 요소 추가
필요에 따라 그림, 그래프, 차트 등의 시각적 요소를 추가하여 내용을 이해하기 쉽게 만들 수 있다.

```
Title: 노트의 제목

Main Topic: 메인 주제

Subtopics: 서브 주제들

Notes: 각 서브 주제에 대한 상세 노트
```

아워 노트법은 내용을 체계적으로 정리하고 중요한 개념을 강조하는 데 도움이 된다. 또한 필요한 경우 추가 정보를 빠르게 찾을 수 있도록 구성되어 있다. 이 방법은 간결하고 효과적이며, 다양한 학습 상황에서 활용할 수 있다.

넷째, 비주얼 노트법(Visual Note-taking)이다.

스케치 노트 필기 또는 그래픽 노트 필기라고도 불리는 비주얼 노트 필기는 전통적인 노트 필기 방법 외에 그림, 기호, 색상을 사용한다. 이 방식을 사용하면 공부하면서 복잡한 정보를 시각적으로 종합하고 표현할 수 있다. 비주얼 노트법은 복잡한 개념을 시각적으로 단순화하여 더 쉽게 이해하고 기억할 수 있게 해준다. 상상력과 창의력을 자극하며 그 덕에 내용을 보다 생생하게 기록할 수 있다.

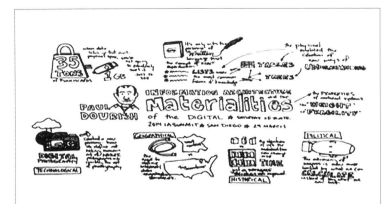

Visual notes by Veronica Erb
〈작성자 제이쉬 코치〉

비주얼 노트

제목: 페이지 상단에 "자료 수집 과정"이라고 크게 적는다.

주요 단계: 각 단계를 큰 박스로 나누어 페이지에 배치한다.

아이콘과 그림: 각 단계에 해당하는 아이콘이나 간단한 그림을 추가한다.

세부 사항: 각 단계의 세부 사항을 간략하게 적는다.

연결선: 각 단계를 연결하는 선을 그려 흐름을 나타낸다.

다섯째, 기호와 약어(Method of Symbols and Abbreviations)이다.

주요 내용을 요약하고 간결하게 작성하기 위해 기호와 약어를 사용하는 방법이다. 즉 특정 기호나 약어를 정의하여 특정 의미를 부여한다. 이 방법은 필요한 경우 내용을 더 빠르게 정리하고 요약할 수 있는 장점이 있다. 공부하면서 사용하는 기호와 약어들은 우리가 흔히 발견할 수 있다.

공부 잘하는 레시피

〈기호의 예시〉

=: 앞뒤가 같은
+: 앞뒤를 연결하는
S와 V: 주어와 동사
H: 수소의 화학 기호

〈약어의 예시〉
○와 ×: 맞다, 아니다
↑와 ↓: 상승, 하락

배운 내용을 체계적으로 정리하는 방법과 정리를 위한 다양한 노트 사용 전략을 알아보았다. 이제 노트 사용 전략의 이로운 점을 알아보고 수업 노트를 잘 만들어 보자.

1. 기억력 강화
내용을 체계적으로 정리하면 중요한 정보를 기억하기가 더 쉬워진다. 관련 있는 정보를 연결해서 핵심 개념을 더 잘 이해하고 기억할 수 있다.

2. 학습 효율성 향상
정리된 내용을 다시 읽거나 검토할 때, 정보를 쉽게 찾을 수 있고 시간을 절약할 수 있다. 학습에 투자하는 시간과 노력을 최적화하는 데 도움이 된다.

3. 개념 이해도 향상
내용을 체계적으로 정리하면 전체적인 구조와 개념의 연결성을 파악할 수 있다. 개념의 이해도를 높이고 지식을 심층적으로 이해하는 데 도움이 된다.

4. 논리적 사고 향상

내용을 정리하면 자신의 생각을 논리적으로 구성하고 표현할 수 있는 능력이 향상된다. 이것은 학습한 내용을 다른 사람에게 설명하거나 응용하는 데 도움이 된다.

5. 자기평가와 피드백하기

정리된 내용을 토대로 자신의 이해도와 학습 진행 상황을 평가할 수 있다. 이를 통해 부족한 부분을 파악하고 보완할 수 있다.

한겨레(2017.04.04. 화요일 E02면 기회/특집) 신문에 글쓴이 박소정 님의 『중학생 공부법의 모든 것』이 실렸다. 박소정 님은 국어, 영어, 수학의 노트 필기를 설명하였는데 내용이 유용하다. 국어 과목은 노트를 마련하기보다 책을 노트처럼 활용하는 방법을 추천했다. 영어는 본문 내용이 가장 중요하기 때문에 교과서를 중심으로 필기하는 게 보기 편하고, 단원별 단어장이나 문법 정리 노트를 마련하면 내신에 큰 도움이 된다고 했다. 수학은 개념 정리용, 문제 풀이용, 오답용 노트 3권을 마련하여 활용한다면 취약부분을 집중 점검할 수 있다고 하였다.

06
공신(공부의 신)들의 공부 방법을 따라해라

> "만일 내가 오랫동안 세상의 지식을 찾아다녔다면, 그것은 나 자신의 어린 시절에 누구보다도 열정적으로 배우는 것을 즐겼기 때문일 것이다."
>
> — 아이작 뉴턴

'공부의 신'은 일반적으로 높은 학습 능력과 기억력을 가지고 있으며, 어떤 주제든 빠르게 이해하고 습득할 수 있는 능력을 지닌 사람들을 말한다. 이러한 사람들은 학업에서 우수한 성과를 거두는 경우가 많다. 효율적인 학습 방법을 활용하여 정보를 습득하고 기억하는 데 뛰어난 능력을 보인다. 학술적 연구나 논문에서 공부의 신들의 특징과 공부 방법 등에 대한 심층적 분석을 하여 발표한 자료와 인터뷰 또는 공신들이 쓴 책 등을 바탕으로 공신들의 특징을 알아보자.

첫째, 공신들의 특징 알기

1. 호기심과 열정이다.

공신들은 새로운 지식을 탐구하고 이해하는 데 큰 흥미와 열정을 보인다. 호기심이 강하고 지식을 습득하는 것을 즐긴다.

2. 자기관리 및 시간 관리 능력이다.

효율적인 학습을 위해 자기관리와 시간 관리를 잘한다. 목표를 설정하고 계획을 세우며, 시간을 효율적으로 활용한다.

3. 기억력이다.

빠르게 정보를 기억하고 장기적으로 기억하는 능력이 뛰어나다. 이는 지식을 활용하여 문제를 해결하거나 새로운 아이디어를 발전시키는 데 도움이 된다.

4. 유연성과 창의성이다.

새로운 상황에 빠르게 적응하고 다양한 관점에서 문제를 해결할 수 있는 유연성과 창의성이 돋보인다.

5. 지속적인 학습과 성장이다.

공부의 신들은 끊임없이 자기 계발에 힘쓰며 지식을 확장하고 실력을 향상시키는 데 주력하고자 노력한다.

이러한 특징들을 바탕으로 공부의 신들은 공부뿐만 아니라 다양한 분야에서 우수한 성과를 거두며, 우리에게 공부와 성장의 모범이 되고 있다.

둘째, 공신들의 특이한 공부 방법과 신념 배우기

1. 진지한 몰입과 깊은 탐구이다.

공부의 신들은 학습 과정에 완전히 몰입하고 깊이 있는 탐구를 통해 주제를 이해하려고 노력한다. 이들은 단순히 표면적인 정보를 기억하는 것이 아니라, 그 배경과 의미를 파악하려고 한다.

2. 흥미를 유발하는 공부 환경을 조성한다.

공부의 신들은 자신에게 흥미로운 주제나 문제를 선택하여 공부한다. 이들은 자신만의 학습 환경을 조성하여 학습 과정을 더욱 효과적으로 만들어 낸다.

3. 창의적인 학습 방법 활용한다.

공부의 신들은 다양한 학습 방법과 도구를 활용하여 정보를 습득하고 기억한다. 예를 들어, 마인드맵, 스토리텔링, 문제 해결력, 시각적인 자료 등을 활용하여 학습 효율을 높인다.

4. 자기 주도적으로 공부한다.

자기 주도적으로 학습을 진행하며, 선생님에게만 의존하지 않는다. 자신에게 맞는 학습 방법을 찾고, 스스로 문제를 해결하며 지식을 습득하려고 노력한다.

5. 목표와 목적의식이 뚜렷하다.

'되고 싶은 사람'과 '하고 싶은 일'을 가지고 있기 때문에 스스로 동기 부여가 되어 공부에 대한 열정과 의지가 강하다. 목표를 달성하기 위해 체계적으로 계획을 수립하고 실행한다. 목표를 달성하는 데 있어서 어려움이나 실패에도 굽히지 않고, 인내심을 발휘하여 끈기 있게 노력한다.

6. 도전하고 배우면서 발전해 나간다.

지속적인 도전과 실패를 긍정적인 경험으로 인식하고, 그것을 통해 성장하려는 태도를 갖고 있다. 공부의 신들은 계속해서 도전하고 실패를 통해 배우며 발전해 간다.

이러한 남다른 공부 방법과 신념은 공부의 신들이 이러한 접근 방식들이 그들의 학습과 성공에 큰 영향을 미친다는 점은 분명하다.

셋째, 공신들의 공부 방법 벤치마킹하기

EBS 수능 강사 강성태의 공부법

"하루, 주간, 월간 계획을 철저히 세우고 이를 엄수한다."
"틀린 문제는 반드시 오답 노트에 기록하고, 왜 틀렸는지 분석한 후 반복해서 풀어본다."
— 출처: 강성태의 유튜브 채널, 공신닷컴

서울대 교육학과 신종호 교수의 공부법

"효과적인 시간 관리와 집중력 유지가 성공적인 학습의 필수 요소임을 강조."
"학생들이 스스로 목표를 설정하고, 학습 계획을 세우며, 자율적으로 공부하는 습관을 기르는 것이 중요하다."
— 출처:『이런 공부법은 처음이야』

공부법 전문가 조승연의 공부법

"단순 암기가 아닌 이해를 통한 학습을 강조."
"각 과목의 내용을 서로 연결 지어 학습한다. 예를 들어, 역사와 문학, 과학과 수학의 연관성을 찾아 공부한다."
— 출처: 조승연의 유튜브 채널

서울대 의학과 이승규 교수의 공부법

"반복 학습을 통해 학습 내용을 장기 기억으로 전환하는 것이 중요하다."
"문제 중심 학습법의 중요성을 강조. 이는 주어진 문제를 해결하기 위해 필요한 지식을 스스로 학습하고 적용하는 방법."
— 출처: 이승규 교수 강연 자료

2장

공부하는
나를 만드는
Mind-Set 알기

01
'공부는 왜 하니?' 나 자신에게 질문하라

"더 많이 읽을수록, 더 많이 알게 될 것이다. 더 많이 배울수록, 더 많은 곳에 갈 수 있을 것이다."

— 닥터 수스

'공부는 왜 해야 한다고 생각하세요?' 질문에 대한 답을 중학교 학생들에게 들어보았다. 내용은 다음과 같다.

- 잘 먹고 잘살기 위해
- 미래를 행복하게 살 수 있게 만들기 위해
- 자신의 가치를 높이고 현명한 삶을 살려고
- 좋은 대학, 좋은 직장, 안정적 돈 벌기, 집 사기
- 꿈을 이루기 위한 디딤돌, 내 꿈을 찾기 위한 준비 운동, 꿈을 이루는 수단
- 세상을 알아가고 진정한 어른으로 가는 길
- 모르겠다
- 나중에 뭘 해야 할지 정하기 위해, 나중에 원하는 것을 얻기 위해
- 내 지식을 업그레이드, 사고력과 논리력을 키우기 위해
- 꿈의 선택지를 높이고 진짜 하고 싶은 일을 찾았을 때 늦지 않게 시작하고 선택할 수 있어서

- 평소 생활에 필요한 지식과 자신이 원하는 일을 하기 위해
- 미래를 위해, 성공을 위해
- 공부는 '보험'
- 지식을 배울 수 있고 어렵고 해결하지 못한 문제들을 접하면서 사고력과 인내심을 기를 수 있음
- 잠재력 개발 및 자아실현, 똑똑해지기 위해
- 진로 선택
- 나의 능력에 맞게 도움이 필요한 사람에게 도움을 주기 위해서
- 새로운 걸 배우고 삶에 편리를 얻기 위해
- 올바른 사람이 되기 위해, 마음의 양식을 쌓고 다음 세대에 본보기가 되는 사람이 되기 위해

미래, 성공, 좋은 대학, 자아실현, 보험 등 다양한 답을 볼 수 있고 현실적인 답들이 많다. 내가 생각하는 '공부는 왜 하니?'에 대한 답과 비교해 생각해 보는 시간을 갖자.

그럼 한 분의 예를 더 보도록 하자. SAT·ACT 만점, 아이비리그 9개 대학 동시 합격하고 미국 최고 고교생을 뽑는 '웬디스 하이스쿨 하이즈 먼 어워드' 아시아인 최초로 수상한 공부의 지존 중의 지존인 이형진 님이다. 『공부는 내 인생에 대한 예의다』라는 책에서 '공부를 왜 하는가?'에 대한 답을 "내가 하고 싶은 일을 하기 위해 필요한 준비를 착실히 하는 것, 그래서 훗날 내가 도전하고픈 꿈이 생겼을 때 부족한 준비로 인해 그 꿈을 포기하는 불상사를 만들지 않는 것, 즉 '꿈'이 '현실'이 될 수 있도록 노력하

는 것 그것이 나에 대한 예의라는 이야기다."라고 말했다. 이형진 님은 "인생에 대한 예의"가 공부라고 말하고 있다. 나는 학생들에게 늘 강조하는 말이 '주인공은 나야 나, 나는 소중해'라는 말이었다. 학생들을 만날 기회가 있을 때마다 이 말을 해 주고, 이 말을 나에게 해 주는 학생들에겐 늘 달콤한 간식을 주었다. 어느 날인가, 내가 학생들에게 이 말의 뜻을 물어본 적이 있다. 학생들은 "인생의 주인공이 나고 따라서 나는 소중한 사람이란 뜻입니다."라는 정답을 말했다. 그렇다. 인생의 주인공으로 소중한 사람으로 '스스로를 사랑하고 자존감을 갖고 살라'라는 뜻을 포함하고 있다. 이렇게 살려면 내게 소중하고 필요한 것을 하는 것이다. 학생일 때는 공부일 것이다. 그럼 "공부를 안 하면 주인공도 안되고 소중한 사람도 아닌가요?"라고 질문을 할 수도 있을 것이다. 그렇지는 않다. 하지만, '지금 여기에, 나는 누구인가?'를 생각해 본다. 내가 주인공이고 소중한 사람이면 나는 무엇을 해야 하고, 무엇이 되고 싶은가에 대해 생각해 볼 필요가 있는 것이다. 지금 '공부가 왜 필요하지? 공부는 왜 하나? 꼭 해야만 하나?'라는 회의가 올 때 이 말을 떠올려 보면 공부에 대한 마음을 다독일 수 있을 것이다.

나에게 공부란?

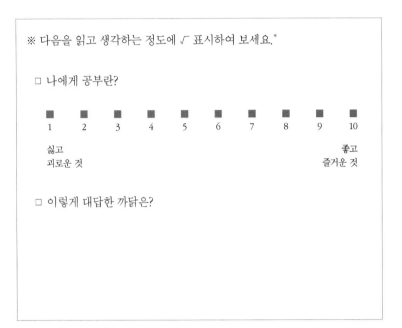

※ 다음을 읽고 생각하는 정도에 √ 표시하여 보세요.*

□ 나에게 공부란?

| 1 | 2 | 3 | 4 | 5 | 6 | 7 | 8 | 9 | 10 |

싫고
괴로운 것

좋고
즐거운 것

□ 이렇게 대답한 까닭은?

---

* 출처: 교육부『자기주도학습 가이드북, 스스로 터득하는 학습 디딤돌』

공부 잘하는 레시피

첫째, 공부가 싫고 괴로운 것이라고 생각하는 학생들을 위한 전략

---

1. 공부에 대한 내적 동기를 찾아본다.

자신이 왜 공부해야 하는지, 어떤 것을 하고 싶은지에 대해 생각하고 그것을 이루었을 때의 기쁨을 상상해 보고 다짐을 해 본다.

2. 자신에게 현실적이고 구체적인 목표를 설정한다.

목표는 작은 단위로 쪼개어 할 수 있을 만큼 설정하여, 이를 통해 '나도 할 수 있다'라는 성취감을 느낄 수 있게 한다. 작은 성취가 앞으로 나아가기 위한 원동력이 된다.

3. 공부 계획을 세우고 시간 관리를 한다.

자신만의 공부 시간을 정하고 시간을 효율적으로 쓰며 책상에 자신에게 주의를 주는 문구 또는 다짐을 써서 붙여 놓는다.

4. 공부에 대한 긍정적인 태도를 유지한다.

공부에 대한 부정적인 생각을 긍정적인 태도로 바꾸고 실패와 어려움을 긍정적인 경험으로 생각한다.

'나는 원래부터 못해'가 아니라 '나도 할 수 있다. 태어날 때부터 잘하는 사람은 없어'라는 생각의 전환이 필요하고 목표를 잘게 쪼개서 조금씩 해 나가다 보면 어느새 자신감이 생긴다. 가장 중요한 것은 'I can do it'이라는 의지이다.

둘째, 공부가 좋고 즐거운 것이라고 생각하는 학생들을 위한 전략

---

1. 자신이 관심 있는 과목이나 주제를 선택하여 공부한다.

 자신의 흥미와 관련된 주제를 공부하는 동안 공부가 더욱 즐거워진다.

2. 공부 목표를 설정하고 목표를 달성했을 때 자신이 좋아하는 것을 하는 보상을 준다. 이것은 공부에 대한 동기를 높여준다.

3. 마음이 맞는 친구들과 함께 스터디그룹 공부를 진행해 본다.

 서로 이야기를 나누고 함께 문제를 해결하면서 공부하는 과정이 더욱 즐거워진다. 서로 설명하면 아는 것을 더욱 확실하게 이해하고, 모르는 것을 다시 확인할 수 있는 좋은 방법이다.

4. 자기주도학습을 통해 자신이 원하는 방식으로 공부한다.

 자신에게 맞는 공부 방법을 찾아 활용하면서 자신만의 공부 방식을 적용해 본다. 공부가 즐거워지면 더 많은 지식을 습득하고 자신감이 생기면서 성과를 이룰 수 있다.

공부 잘하는 레시피

나의 학습 동기 성향은?

공부는 왜 하는 걸까? 체크해 보자.

◆ 학습 동기 성향 질문지 ◆

1. 새로운 것을 배우는 것이 재미있기 때문에 공부한다.　　□ 예　　□ 아니오

2. 어려운 문제를 해결할 때 느끼는 성취감 때문에 공부한다.　□ 예　　□ 아니오

3. 내가 관심 있는 주제를 더 깊이 이해하고 싶기 때문에 공부한다.

　　　　　　　　　　　　　　　　　　　　　　　　　　□ 예　　□ 아니오

4. 나 자신을 성장시키기 위해 공부한다.　　　　　　　　□ 예　　□ 아니오

5. 부모님이 내가 공부하는 것을 감독하기 때문에 공부한다.　□ 예　　□ 아니오

6. 높은 성적을 받기 위해 공부한다.　　　　　　　　　　□ 예　　□ 아니오

7. 좋은 직업을 갖기 위해 공부한다.　　　　　　　　　　□ 예　　□ 아니오

8. 공부를 잘하면 받을 보상 때문에 공부한다.　　　　　　□ 예　　□ 아니오

9. 내 친구들이 공부하기 때문에 나도 공부한다.　　　　　□ 예　　□ 아니오

10. 다른 사람들에게 인정받기 위해 공부한다.　　　　　　□ 예　　□ 아니오

11. 다른 사람보다 더 잘하기 위해 공부한다. ☐ 예 ☐ 아니오

12. 낮은 성적을 받는 것을 피하기 위해 공부한다. ☐ 예 ☐ 아니오

13. 부모님이 실망하는 것을 피하기 위해 공부한다. ☐ 예 ☐ 아니오

14. 처벌을 피하기 위해 공부한다. ☐ 예 ☐ 아니오

15. 내가 노력하면 성공할 수 있다는 자신감 때문에 공부한다.
☐ 예 ☐ 아니오

16. 내가 문제를 해결할 수 있다는 믿음 때문에 공부한다. ☐ 예 ☐ 아니오

17. 공부하는 것이 일상적인 습관이기 때문에 공부한다. ☐ 예 ☐ 아니오

18. 내가 맡은 일을 잘 해내기 위해 공부한다. ☐ 예 ☐ 아니오

어떤 학습 동기가 높은지 분석해 보자.

5가지 유형 중에 가장 높은 점수가 나오는 것이 자신의 학습 동기 성향이라고 할 수 있다.

◆ 학습 동기 성향 분류 ◆

위의 질문지를 통해 나의 내적 동기, 외적 동기, 사회적 동기, 회피 동기, 자기 효능 감 등을 평가한다. 각 성향에 해당하는 질문들을 그룹화하여 점수를 계산하고, 그 결과를 바탕으로 학습 동기 성향을 분석한다.

- 질문지 분류 -

1) **내적 동기**: 1, 2, 3, 4번 질문

2) **외적 동기**: 5, 6, 7, 8번 질문

3) **사회적 동기**: 9, 10, 11번 질문

4) **회피 동기**: 12, 13, 14번 질문

5) **자기 효능감**: 15, 16번 질문

6) **기타 동기**: 17, 18번 질문

- 점수 계산 방법 -

각 질문에 대해 "예"는 1점, "아니오"는 0점으로 계산한다. 각 동기 성향 그룹별로 점수를 합산하여 성향을 평가해 본다.

○ 내적 동기 점수 = (1번 답변 + 2번 답변 + 3번 답변 + 4번 답변)

○ 외적 동기 점수 = (5번 답변 + 6번 답변 + 7번 답변 + 8번 답변)

○ 사회적 동기 점수 = (9번 답변 + 10번 답변 + 11번 답변)

○ 회피 동기 점수 = (12번 답변 + 13번 답변 + 14번 답변)

○ 자기 효능감 점수 = (15번 답변 + 16번 답변)

○ 기타 동기 점수 = (17번 답변 + 18번 답변)

〈결과 분석 및 해석〉

점수를 통해 각 동기 성향을 평가하고, 나의 주요 동기 유형을 파악한다

- 결과 해석 -

1) 내적 동기 점수가 높을 경우

자기만족, 성취감, 호기심을 통해 공부에 동기 부여를 받는다. 이러한 학습자는 자기주도학습 전략을 활용하면 효과적이다.

2) 외적 동기 점수가 높을 경우

부모님의 기대, 성적, 미래의 성공, 보상 등 외부 요인에 의해 동기 부여를 받는다. 명확한 목표 설정과 보상 체계를 도입하면 도움이 된다.

3) 사회적 동기 점수가 높을 경우

친구나 사회적 인정, 경쟁심 등을 통해 동기 부여를 받는다. 스터디 그룹이나 토론 학습을 통해 효과적으로 공부할 수 있다.

4) 회피 동기 점수가 높을 경우

실패, 부모님의 실망, 벌칙 등을 피하기 위해 동기 부여를 받는다. 긍정적인 피드백과 지원을 통해 학습 동기를 긍정적인 방향으로 유도하는 것이 중요하다.

5) 자기 효능감 점수가 높을 경우

자신의 능력에 대한 신뢰와 자신감을 통해 동기 부여를 받는다. 도전적인 과제를 통해 성취감을 느끼도록 하는 것이 효과적이다.

6) 기타 동기 점수가 높을 경우

습관이나 책임감으로 인해 공부에 동기 부여를 받는다. 규칙적인 학습 습관을 유지하고, 책임감을 강화하는 전략을 활용한다.

〈결과 및 분석 예시〉

· 평범이의 결과 :
○ 내적 동기 점수: 4
○ 외적 동기 점수: 2
○ 사회적 동기 점수: 3
○ 회피 동기 점수: 1
○ 자기 효능감 점수: 2
○ 기타 동기 점수: 1

분석: 평범이는 내적 동기가 매우 높은 편이며, 호기심과 성취감을 통해 공부에 동기 부여를 받고 있다. 사회적 동기도 어느 정도 있으므로, 스터디 그룹을 활용하면 더 효과적으로 학습할 수 있다. 이러한 학생은 자기주도학습 전략과 함께 스터디 그룹을 병행하는 것이 좋다.

근거: 기존의 학습 동기 이론(자기결정이론 및 성취동기이론 등)과 일반적인 심리학 연구를 바탕으로 작성한다.

나의 우수한 다중 지능은?

'공부는 왜 하니?'라는 질문을 하고 나의 목적을 찾아가는 길목에 '다중지능이론'이 있다. 다중지능이론은 미국의 심리학자인 하워드 가드너(Howard Gardner) 박사가 1983년에 제안하였다. 그는 "사람의 지능은 8종류로 나뉘어 있는데 누구라도 복수의 우수한 지능을 갖추고 있다"라고 주장하였다. 전통적인 지능이론의 한계를 극복하고 학습자들의 다양한 능력을 인정하는 것을 목표로 했다. 여덟 가지 지능 유형은 다음과 같다.

---

1. 언어 지능

언어를 사용하여 의사소통하고 이해하는 능력. 말하기, 듣기, 읽기, 쓰기 등

2. 논리-수리적 지능

논리적인 사고와 수리적인 문제 해결 능력. 추론, 패턴 인식, 문제 해결 등

3. 공간적 지능

공간을 이해하고 활용하는 능력. 그림, 그래픽, 지도를 읽고 만들거나, 공간상의 관계를 이해하는 능력

4. 신체-운동적 지능

몸을 사용하여 활동하고 문제를 해결하는 능력. 운동, 춤, 스포츠 등의 능력

5. 음악적-리듬적 지능

음악을 이해하고 창작하며, 리듬을 느끼는 능력. 악기 연주, 노래, 리듬 감각 등

공부 잘하는 레시피

가드너의 다중지능이론은 공부하는 사람의 개인 능력과 특성을 고려하여 교육 방법을 다양화하고 맞춤형으로 제공함으로써 학습 성과를 극대화하려는 것이다. 여러분은 이 중에 어떤 지능이 뛰어나다고 생각하는가? 아무리 노력해도 성과가 안 날 때는 내가 어떤 지능에 뛰어난지를 생각해 보고 도전해 보는 것도 현실에 맞는 현명한 방법이 될 것이다.

나는 무엇을 잘하는가?

나의 공부 마인드셋은?

공부에 나는 재능이 없나 보다. 나는 원래 태어날 때부터 머리가 좋지 않았나 보다. 우리 집은 공부를 잘해 성공하는 사람이 많은데, 나는 왜 이럴까? 등등 자신을 책망하는 생각을 한 적이 있나요? 여러 번 공부에 실패하다 보면 스스로 절망감에 빠질 때가 많다. 그럼 이럴 때 공부할 수 있는 마음가짐(Mind-Set)을 어떻게 가져야 할지를 알아보자.

스탠퍼드대학교 심리학과 교수 '캐롤 드웩' 교수의 『마인드셋』을 보면 사람을 두 종류로 분류하고 있다. '고정적 마인드셋'인 사람과 '유연한 마인드셋' 사람이다. 우리가 무엇을 할 수 있을지 결정하는 것은 우리의 능력이 아니라 우리의 마인드셋이라고 한다.

공부하는 나를 만드는 마음가짐(마인드셋)을 가지려면 어떻게 해야 할지 비교해 보고 결심하자.

분류	고정적 마인드셋(Fixed Mindset)	성장적 마인드셋(Growth Mindset)
변화	자신의 능력이 변하지 않는다고 생각	자신의 능력이 노력과 학습을 통해 발전할 수 있다고 생각
실패	실패를 자신의 한계로 여기며, 실패를 두려워한다.	실패를 학습의 기회로 보고, 이를 통해 성장할 수 있다고 믿는다.
도전	실패할 가능성이 있는 도전적인 과제를 피한다.	도전적인 과제를 기꺼이 받아들이고, 이를 통해 발전을 추구한다.
비판	비판을 받아들이지 않고, 이를 자신의 능력에 대한 공격으로 여긴다.	비판을 자신의 성장을 위한 피드백으로 받아들인다.

고정적 마인드셋과 성장적 마인드셋은 개인의 태도와 생각 방식에 따라 성공과 실패에 대한 태도를 크게 영향을 준다. 캐롤 드웩의 연구에 따르면 성장적 마인드셋을 가진 사람들이 보다 지속적으로 발전하고 성공할 가능성이 더 높다는 것이 입증되었다고 한다. 여러분은 이제부터 성장적 마인드셋을 가질 수 있도록 마음을 잘 다스려야 한다.

02
나만의 꿈과 목표를 만들어라

> "Go confidently in the direction of your dreams! Live the life you've imagined. (자신의 꿈을 향해 당당하게 나아가라! 당신이 상상한 삶을 살아라)"
>
> — 헨리 데이비드 소로우

세계적인 브레인 코치인 짐퀵이 『마지막 몰입』에서 말하길 "당신의 꿈은 무엇인가? 마치 뇌에 박힌 가시처럼 사라지지 않는 꿈은 무엇인가? 그 꿈을 세세히, 생생하게 상상해 보자. 시각화하고 느끼고 믿어라. 그리고 그 꿈을 이루기 위해 날마다 노력하라."라고 하였다. 이 말처럼 나만의 꿈과 목표를 만들어 성공적인 만족하는 삶을 살아야 한다.

우리는 '나만의 꿈과 목표를 만들기' 위해 무엇을 해야 하는가?

자기 자신을 파악하라

첫째, 자신이 잘하는 것을 찾아본다.

나는 누구인가? 나는 무엇을 좋아하는가? 나는 어떤 일을 할 때 즐거움을 느끼는가? 어떤 분야에서 칭찬이나 인정을 받은 경험이 있는가? 등 나 자신을 파악하는 것이 중요하다. 자기의 경험, 능력, 흥미를 주의 깊게 분석하여 자신을 알고 이해해야 자신이 어떤 분야에서 뛰어난지, 어떤 활동을 즐기고 잘 수행할 수 있는지를 알 수 있다.

둘째, 피드백을 받는다.

가족, 친구, 선생님 등 주변 사람들에게 나의 잘하는 부분에 대해 묻는다. 내가 미처 알고 있지 못한 잘하는 점을 다른 사람들의 시선으로 찾을 수 있다.

셋째, 가장 몰입했던 순간을 생각한다.

운동이나 책 읽기를 하다가 푹 빠져서 시간이 가는 줄도 몰랐던 기억이 있는가? 바로 이런 경험이 몰입이다. 몰입의 느낌을 여섯 가지로 볼 수 있는데, 나를 몰입시킬 수 있는 것을 살펴보면 내가 좋아하고 잘할 수 있는 것, 즉 강점을 알 수 있다.

공부 잘하는 레시피

1. 시간 가는 줄도 모르고 자신도 모르게 활동에 빠져드는 느낌

2. 완전히 집중하는 느낌

3. 자기의식이 사라지는 느낌

4. 활동 자체가 큰 만족과 즐거움을 주는 느낌

5. 외부의 방해를 거의 느끼지 않는 느낌

6. 자신의 능력과 도전 과제가 균형을 이루는 느낌

넷째, 성공했던 경험과 실패했던 경험을 분석한다.

어떤 상황에서 성공했는지, 그때 자신이 어떤 능력을 발휘했는지 살펴보고, 실패를 통해 자신의 강점을 더 잘 파악할 수 있다.

다섯째, 자아 인식 테스트를 받는다.

이런 테스트를 통해 자신을 객관화시켜 더 잘 알 수 있다. 자신의 강점을 찾아보는 CST-A 성격 강점 검사도 있고, SCI-II 자아 개념 검사 등을 통해 자신의 성격, 자아상, 강점 등을 더 잘 이해할 수 있다.

이러한 방법들을 통해 자기 자신을 파악하는 것은 성공적인 삶을 살기 위해 매우 중요하다. 자기 자신을 알고 이해함으로써 자신의 강점을 파악하고, 그것을 활용하여 나만의 꿈과 목표를 만들 수 있다.

6가지 방법을 실천하라

나만의 꿈과 목표를 만들기 위한 방법에는 6가지가 있다.

첫째, 자신의 강점을 찾아라.

자신의 강점 찾기를 통해 관심사와 열정이 무엇인지를 발견하고 자기 탐구를 시작한다. 자신이 좋아하고 흥미를 느끼는 것들을 찾아보고, 그것들에 대해 깊이 생각한다.

둘째, 나만의 꿈과 목표를 설정하라.

자기 탐구를 통해 발견한 관심사와 열정을 기반으로 자신의 꿈과 목표를 설정한다. 목표를 설정할 때 사용되는 유용한 지침이 에간(G.Egan)의 'SMART'이다. 각 글자가 특정한 원칙을 나타낸다.

1. **S**pecific (구체적인)
목표는 구체적이고 명확해야 한다. 어떤 목표를 달성하고자 하는지 정확하게 언어로 써서 표시한다.

2. **M**easurable (측정 가능한)
목표는 측정 가능해야 한다. 달성 여부를 평가할 수 있도록 목표에는 측정 가능한 지표나 기준이 있어야 한다.

3. **A**chievable (달성 가능한)
목표는 현실적이고 달성 가능해야 한다. 주어진 여건과 상황을 고려하여 목표를 설정해야 한다.

4. **R**elevant (관련성 있는)
설정한 목표가 자신이 원하고 있는 것과 일치하고 관련성이 있어야 한다.

5. **T**ime-bound (시간에 구애받는)
목표를 언제까지 달성할 것인지 마감 기한을 명확히 설정한다.

이러한 SMART 원칙을 활용하여 목표를 설정하면 목표가 더욱 명확해지고 달성 가능성이 높아지며, 목표를 향해 노력하는 데 도움이 된다. 자신의 꿈을 실현하기 위해 노력하는 과정에서는 자기 계발과 성장이 이루어진다. 또한 이러한 과정은 자신감을 향상 시키고 긍정적인 자아 이미지를 형성하는 데 도움이 되며, 이는 행복 지수를 높일 수 있다. 꿈과 목표를 잘 세우자.

셋째, 목표를 달성하기 위한 구체적인 계획을 세워라.

작은 단계로 나누어서 각 단계를 완료할 때마다 성취감을 느낄 수 있도록 계획을 구성한다. 꿈과 목표를 이루기 위해서는 구체적인 계획을 실천하며 끈기를 가지고 노력하는 것이 필요하다.

목표를 실행하면서 어려움이나 문제가 발생할 수 있다. 그러나 그것을 극복하고 조정하며 목표를 향해 나아가야 한다. 필요할 때는 목표를 수정하고 조정하여 더 나은 방향으로 나아가도록 한다. 또한 꿈과 목표를 향해 지속적으로 노력하고 포기하지 않도록 한다. 어려움을 극복하고 희망을 가지고 노력하면 성취할 수 있을 것이다. 그 예로 남아프리카 공화국의 정치가이자 인권 운동가인 넬슨 만델라는 어떤 꿈을 갖고 목표를 이루기 위한 구체적인 계획을 세웠는지 알아보자. 그의 꿈과 목표는 남아프리카 공화국의 흑인과 백인의 인종 차별을 철폐하고 모든 사람들이 평등하게 살 수 있는 사회를 만드는 것이었다. 이를 위해 남아프리카 공화국의 아파르트하이드(인종차별) 정책에 반대하고, 인종 간의 평등을 실현하기 위해 투쟁했다. 그의 목표는 흑인과 백인이 평등하게 살아갈 수 있는 사회를 만드는 것이었다. 넬슨 만델라는 정치적인 자유와 민주주의를 위해 투쟁하여 정치적으로 억압당한 사람들의 목소리를 대변하고, 민주주의를 회복하기 위해 노력했다. 그의 리더십과 용기는 남아프리카 공화국의 평화적인 변화를 이끌었다. 넬슨 만델라는 많은 어려움과 도전에 직면했지만, 그의 열정과 헌신은 남아프리카 공화국과 세계에 큰 영향을 끼쳤다. 그의 목표와 계획은 인류의 평등과 정의를 위한 노력의 상징으로 남아 있게 되었다.

넷째, 자신의 발전을 위해 지속적으로 노력하라.
자기 발전에 힘쓰면 자신의 잠재력을 최대한 발휘할 수 있을 것이다. 중요한 것은 지속적으로 노력하고 자기 발전을 위한 적극적인 자세를 가지는 것이다. 자기 발전을 위한 방법을 생각해 보자.

---

1. 독서하기
다양한 장르의 책을 읽어서 지식을 넓히고 시각을 넓힌다. 자기 계발 서적, 소설, 역사책 등 다양한 주제로 읽는다.

2. 온라인 강의 수강하기
인터넷을 통해 제공되는 다양한 온라인 강의를 듣고, 새로운 인공지능 기술이나 지식을 배워본다. 온라인 학습 플랫폼에는 무료로 제공되는 강의도 많이 있다.

3. 관심 분야 공부하기
자신이 관심 있는 분야를 중심으로 자율적으로 공부한다. 인터넷 검색, 동영상 강의 시청, 실습 등을 통해 스스로 학습하고 발전시킬 수 있다.

4. 취미 활동하기
취미를 통해 자기 계발을 할 수 있다. 예술, 음악, 운동, 요리 능 다양한 취미 활동을 통해 자신의 재능을 발휘하고 능력을 향상시킬 수 있다.

---

5. 자원봉사 참여하기

자원봉사 활동을 통해 사회에 기여하고 동시에 자기 성장의 기회가 될 수 있다. 지역사회나 비영리 기관에서 자원봉사 활동에 참여한다.

6. 외국어 공부하기

관심 있는 새로운 외국어를 배운다. 외국어 학습은 문화를 이해하고 국제적인 시각을 넓히는 데 도움이 될 뿐만 아니라 미래에 유용한 기술이 될 수 있다.

7. 창작 활동하기

글쓰기, 그림 그리기, 음악 작곡 등 창작 활동을 통해 자신의 창의성을 발휘하고 표현력을 향상시킬 수 있다.

다섯째, 자신의 진로를 탐색하라.

자신의 꿈과 목표에 맞는 진로를 탐색한다. 다양한 직업군을 조사하고, 해당 분야에서 성공할 수 있는 경로를 알아본다. 이를 위해 아래에 소개된 내용을 참고한다.

1. 진로 탐색 프로그램 참여하기

학교나 지역사회에서 제공하는 진로 탐색 프로그램에 참여한다. 학교에는 진로 상담부가 있어서 진로 탐색에 대한 안내를 하고 있다. 진로 전문가인 진로 진학 선생님을 통해 많은 정보를 얻을 수 있다. 진로 체험, 진로직업 박람회, 진로상담 등을 통해 다양한 직업군을 체험하고 알아볼 수 있다.

2. 인터넷 리서치하기

인터넷을 통해 탐색한 다양한 직업군에 대해 좀 더 자세하게 조사한다. 나의 관심과 관련된 정보를 수집하고 진로에 대한 이해도를 높인다.

3. 멘토 찾기

자신이 흥미를 갖는 분야에서 경험이 풍부한 사람을 찾아 멘토로써 조언과 지도를 받아본다. 멘토의 경험과 조언은 진로 선택에 큰 도움이 될 수 있다.

4. 대학 및 직업전문학교 탐방하기

대학이나 직업전문학교를 방문하여 학과나 전공에 대해 알아볼 수 있다. 학교생활과 교육과정을 직접 경험해 보면 진로 선택에 도움을 받을 수 있다. 다양한 학과와 직업에 대해 알아보고 관련된 정보를 수집한다.

5. 진로 탐색 기록장 작성하기

자신의 관심사와 경험을 정리하고 진로 탐색 기록장을 작성한다. 자신이 무엇을 배우고 느꼈는지를 기록하여 나중에 진로 선택에 참고할 수 있다.

여섯째, 주변 사람들의 조언과 지원을 받아라.

가족이나 친구들과 열린 마음으로 대화를 나누며 자신의 꿈과 목표를 공유하고, 그에 대한 의견이나 조언을 듣고 싶다고 말한다. 다른 사람들의 의견 중 비판적인 피드백은 새로운 관점을 제공받을 수 있다. 또한 자신을 응원해 달라고 요청한다. 가까운 사람들의 지원과 격려는 자신감을 향상시키고 꿈을 실현하는 데 도움이 된다. 진정성 있게 소통하고 감사한 마음을 표현한다. 이러한 감사의 표현은 관계를 더욱 강화하고 꿈과 목표 실현을 위한 지속적인 지원을 이끌어낼 수 있다.

이러한 과정을 통해 자신만의 꿈과 목표를 설정하고 이루어 나가는 데 도움이 될 것이다.

03
나만의 '공부 공식'을 만들어라

나만의 특별한 공부 방식을 만들어 내는 것은 매우 중요하다. 공부 공식이라 하면 수학 함수 공식의 $y=ax+b$처럼 답을 구하거나, 딱 정해져 있는 것은 아니다. 여기서, 공부 공식은 찾는 과정이며, 모든 사람이 처음부터 완벽한 공부 방법을 가지고 있는 것은 아니다. 개인마다 고유한 공부 방식과 특성이 있기 때문에 몇 가지 방법을 시도하고, 공부를 하면서 겪는 어려움을 파악하고 계속해서 조정하면 자신에게 맞는 공부 공식을 발견할 수 있다.

나만의 '공부 공식'을 만들기 위해 중학교 학생들에게 '공부를 하면서 겪는 자기만의 가장 큰 어려운 점은 무엇인가?'를 질문하였다. 답을 한 내용은 다음과 같다.

- 시간 관리나 주변의 유혹: 친구와 놀거나 게임을 하고 싶은 것 등 주위의 유혹으로 인해서 나태해짐
- 열등감: 공부를 하는 것에 비해 성적이 잘 안 나오거나, 공부 안 하는 것 같은 친구가 성적이 더 높이 나올 때
- 집중력 부족: 어려운 것을 계속 공부할 때, 게임·운동 등 다른 것을 하고 싶은 마음
- 이해력 부족: 어휘력이 딸려 머릿속에 안 들어오고, 말을 못 알아들음
- 암기력 부족: 외워도 자꾸 잊어버림
- 신체적 욕구: 졸림, 배가 아픔, 가만히 앉아 있는 것, 잠이 많음, 게으름
- 끈기
- 인내심
- 공부 시작하기
- 체계적인 노트 정리
- 동기 부여가 안 되는 것
- 문제나 개념을 물어볼 사람이 없는 것

위의 내용을 읽으며 어떤 것을 느꼈는가? 나와 비슷한 점도 있고, 이해가 안 되는 부분도 있을 것이다. 이처럼 어려운 점을 극복하고 자신에게 알맞은 공부법, 나만의 흥미롭고 즐거운 '공부 공식'을 만들기 위한 6가지 방법을 살펴보자.

첫째, PDCA 사이클을 응용하라.

PDCA 사이클은 품질관리 시스템을 구축한 월터 앤드루 슈하트와 에드워즈 데밍 등이 제창한 시스템이다. PDCA 사이클은 Plan (계획), Do(실행), Check(검토), Act(조정)로 구성되었고, 사이클을 구성하는 4개의 앞 글자를 연결한 것이다. PDCA 사이클은

공부 공식을 찾는 데 응용이 가능하다. 이것을 응용하여 공부 공식을 어떻게 만들 수 있는지를 알아보자.

1. 계획 (Plan)

> 나의 공부 상황 분석 → 목표 설정 → 문제점 발견→ 계획 수립→
> 공부 전략 설정

공부를 위한 고정된 시간대를 계획하여 설정한다. 습관화가 가능할 수 있도록 매일 일정한 시간대에 공부에 전념할 수 있는 계획을 세운다. 일일, 주간, 월간 학습 계획을 대략적으로 작성하여 목표를 달성하는 데 필요한 단계를 계획하고 일정을 만들 때, 학습 목표와 우선순위에 따라 시간을 분배한다.

2. 실행 (Do)

> 계획 실천→ 공부 실행→ 공부 방법 요령 습득 및 적용 → 시험 보기

흥미와 관심사에 초점을 둔 공부를 한다. 자신이 흥미 있는 분야나 주제에 집중하여 공부하는 것이다. 자신의 관심사를 파악하고, 그에 맞는 학습 자료를 활용하여 공부하면 더욱 흥미롭고 즐거운 공부가 가능하다.

나만의 다양한 공부 방법을 찾아서 실행해 본다. 앞장의 '효과적인 공부 방법'에서 여러 가지 예시를 들었으니 찾아보아 적용한다. 본인에게 가장 효율적이고 자기 스타일에 맞는 공부 방법을 찾아 공부 공식을 만들어 본다.

집중력을 향상시키기 위해 조용하고 정돈된 학습 환경을 부모님의 도움을 받아 만든다. 공부를 위한 전용 공간을 마련하고, 잡음과 방해 요소를 최소화한다. 그리고 포커스 타임을 갖는다. 포커스 타임이란 집중해서 공부하는 시간을 뜻한다. 자신

의 가장 집중력이 높은 시간을 파악하고, 공부 공식에 맞게 집중하여 공부한다. 창의적인 학습 방법을 통해 새로운 시각에서 공부를 시도해 본다. 시각적인 학습자라면 그림, 차트, 그래프 등을 활용하여 정보를 시각적으로 정리하고 기억할 수 있다. 노트를 작성하거나 마인드맵을 활용하여 학습 내용을 시각화한다. 감각적인 학습자는 실습이나 경험을 통해 학습하는 것을 선호한다. 따라서 실제로 실험을 진행하거나, 문제를 해결하거나, 실제 상황에서 경험을 쌓는 것이 도움이 될 수 있다.

> 시험 본 결과 체크 및 분석 → 계획했던 목표와 비교 → 목표 달성의 성공과 실패 부분 확인

3. 검토 (Check)

시험 본 결과를 체크하고 어떤 문제에서 강점과 약점을 보였는지 분석해 본다. 처음에 계획했던 목표를 달성했는지 그리고 만들었던 공부 공식에 의한 진행 상황이 제대로 되었는지를 체크한다. 또한 가족이나 친구, 혹은 교사나 멘토에게 공부와 관련하여 피드백을 요청한다. 목표 달성의 성공 요인과 실패 부분을 확인하고 이를 통해 개선할 부분을 파악한다.

4. 조정 (Act)

> 개선 및 조치 계획 수립→ 발견된 문제 해결 및 개선점의 수정 및 조정 → 변경된 공부 공식 및 프로세스 실행 → 새로운 PDCA 주기 시작

공부 목표 달성의 실패 부분을 확인 후 개선을 위한 조치 계획을 수립한다. 발견된 문제점을 해결을 하고 변경 확정된 공부 공식대로 프로세스를 실행한다. 지속적인 공부 방법의 개선을 위해 PDCA 사이클의 프로세스를 사용한다. 공부에 문제가 발생했을 때는 원인을 찾고, 이를 개선하기 위해 계획하고 실행하며, 그 결과를 평가하고 조처하는 것을 반복함으로써 나만의 공부 공식을 갖도록 한다.

둘째, SMART 목표를 활용하라.

SMART(구체적인, 측정 가능한, 달성 가능한, 관련성 있는, 시간에 구애받는) 목표 설정 방법을 활용하여 공부 목표를 구체화하고 달성 가능한 목표로 만들 수 있다. 2. '나만의 꿈과 목표를 설정하라'에서 활용을 했었다. 나만의 공부 공식에도 적용이 가능하니, S(구체적인) → M(측정 가능한) → A(달성 가능한) → R(관련성 있는) → T(시간에 구애받는)에 따라서 목표를 만들고 나만의 공부 공식에 적용한다.

---

1. 구체적(Specific)

매일 아침 7시부터 8시까지 영어 단어 20개를 외우고, 매일 저녁 9시부터 10시까지 영어 문법 공부를 한다.

2. 측정 가능(Measurable)

매주 금요일마다 외운 영어 단어와 학습한 문법 내용을 정리하여 복습한다. 매월 말에는 퀴즈를 통해 학습 내용을 평가한다.

3. 달성 가능(Achievable)

하루에 1시간씩 공부하는 것은 현실적으로 가능하다. 하루에 30개의 단어를 외우고 문법을 공부하는 것도 부담스럽지 않다.

4. 관련성 있는(Relevant)

엉어 공부는 신학이나 취업 공부 그리고 해외여행과 관련이 있어 중요하다.

5. 시간에 구애받는(Time-bound)

목표는 매일 정해진 시간에 시작하여, 매주와 매 월말에는 진행 상황을 평가하

고 필요한 조정을 한다.

셋째, 5W1H 분석법을 적용하라.

문제 해결이나 학습 계획을 세울 때 5W1H(무엇, 언제, 어디서, 누가, 왜, 어떻게) 분석법을 사용하여 나만의 공부 공식을 만든다.

1. 무엇(What)

나의 학습 목표와 공부 과목은 무엇인가?

어떤 과목이나 주제를 학습하고자 하는지를 명확히 정의해야 한다.

2. 언제(When)

언제 공부할 것인가?

일주일에 몇 시간을 투자할 것이며, 어떤 시간대에 공부할 것인지를 계획해야 한다.

3. 어디서(Where)

어디에서 공부할 것인가?

집, 도서관, 스터디카페 등 학습 환경을 설정해야 한다.

4. 누가(Who)

누구와 함께 공부할 것인가?

혼자서 공부할 것인지, 동료나 친구와 함께 공부할 것인지를 결정해야 한다.

5. 왜(Why)

공부하는 목적이 무엇인가?

학업성취를 위해, 진로나 취업을 위해, 취미를 즐기기 위해 등 목표와 동기를 명확히 이해해야 한다.

6. 어떻게(How)

어떻게 공부할 것인가?

학습 방법과 전략을 구체적으로 계획해야 한다. 예를 들어, 독서, 메모 작성, 문제 해결, 토론 등을 통해 공부할 수 있다.

넷째, 마인드맵을 이용하라.

마인드맵은 공부 관련 아이디어를 시각적으로 정리하고 관계를 파악하는 데 도움이 된다. 중심 주제를 중심으로 지점을 확장시켜가며 아이디어를 추가한다.

마인드맵은 나만의 공부 공식을 시각적으로 정리하고 구조화하는 데 훌륭한 도구이다. 마인드맵을 사용하여 나만의 공부 공식을 만들려면 다음과 같은 단계를 따를 수 있다.

1. 중심 주제 설정

마인드맵의 중심에 "나만의 공부 공식"이라는 주제를 쓰고 중앙에 위치 시킨다.

2. 주요 카테고리 정의

"무엇을", "언제", "어디서", "누가", "왜", "어떻게"와 같은 주요 질문을 카테고리로 만든다. 이것들은 마인드맵의 가지가 될 것이다.

3. 세부 항목 추가

각 카테고리에 해당하는 세부 항목을 추가한다. 예를 들어, "무엇" 카테고리에는 학습 목표와 과목을, "언제" 카테고리에는 공부할 시간을, "어디서" 카테고리에는 공부할 장소를 추가할 수 있다.

공부 잘하는 레시피

4. 관련 정보 추가

각 항목과 카테고리에 관련된 추가 정보나 세부 내용을 필요에 따라 추가한다. 이를 통해 나만의 공부 공식을 구체적으로 이해할 수 있다.

5. 연결 및 확장

관련된 항목들을 서로 연결하고, 필요에 따라 세부 항목을 더 확장하여 마인드 맵을 풍부하게 만든다.

6. 리뷰 및 수정

마인드맵을 완성한 후에는 주기적으로 리뷰하고, 필요에 따라 수정하여 최신 정보를 유지한다.

이렇게 하면 나만의 공부 공식을 시각적으로 표현하고, 구조화하여 보다 효과적으로 이해하고 활용할 수 있다. 마인드맵을 사용하면 정보를 직관적으로 파악할 수 있으며, 창의적인 아이디어를 발전시키고 새로운 관점을 발견하는 데 도움이 된다.

다섯째, SWOT 분석을 하라.

자신의 강점, 약점, 기회, 위협을 파악하여 공부 계획을 수립하고 개선할 수 있는 방안을 고민해 본다. SWOT 분석을 통해 나만의 공부 공식을 만들기 위해 다음과 같은 절차를 따를 수 있다.

1. 강점(Strengths)

나의 강점을 파악한다. 어떤 과목이나 공부 방법을 잘하는지, 어떤 공부 환경이 나에게 적합한지 등을 생각한다. 예를 들어, 빠른 학습 속도, 집중력이 높은 것과 같은 개인적인 강점을 파악한다.

2. 약점(Weaknesses)

나의 약점을 인식한다. 어떤 과목이나 공부 방법에서 어려움을 겪는지, 어떤 부분의 개선이 필요한지 등을 생각한다. 예를 들어, 수학에서 개념을 이해하는 데 어려움을 겪는다거나, 공부 계획을 지키지 못하는 경향이 있다면 이를 약점으로 파악한다.

3. 기회(Opportunities)

나에게 열린 기회를 찾는다. 어떤 공부 환경이나 자원을 활용할 수 있는지, 어떤 새로운 공부 방법을 도입할 수 있는지 등을 생각한다. 예를 들어, 학원이나 인터넷 강의의 도움을 받을 수 있는 기회가 있다면 이를 고려하여 공부 계획을 세운다.

4. 위협(Threats)

나에게 올 수 있는 위협을 생각한다. 어떤 요인이 나의 공부에 부정적인 영향을 줄 수 있는지, 어떤 도전에 직면할 수 있는지 등을 살펴본다. 예를 들어, 시험 날짜가 다가오면 시간이 부족하다거나, 주변 환경의 방해 요인이 있다면 이를 위협으로 파악한다.

이렇게 SWOT 분석을 통해 나만의 공부 공식을 만들면 강점을 최대한 활용하고, 약점을 극복하며 기회를 잘 활용하고, 위협을 대비하여 효과적인 공부 방법을 개발할 수 있다.

여섯째, 프로젝트 관리 기법을 활용하라.

프로젝트 관리 기법을 활용하여 나만의 공부 공식을 만들 수 있다. 프로젝트 관리 기법은 목표를 달성하기 위해 일련의 활동

공부 잘하는 레시피

을 계획, 조직, 추진, 관리하는 방법론을 말한다.

1. 목표 설정
먼저, 명확하고 구체적인 학습 목표를 설정한다. SMART 기준에 따라 목표를 설정하여 명확하고 실현 가능한 목표를 만든다.

2. 작은 범위로 나누기
학습 목표를 달성하기 위해 필요한 작업을 세부적으로 나눈다. 큰 목표를 작은 범위로 쪼개어 각각의 공부하는 범위로 나누고, 이를 순서대로 나열한다.

3. 일정 계획
각 공부에 필요한 시간과 순서를 고려하여 일정을 계획한다. 학습 목표를 달성하기 위해 필요한 기간을 고려하여 각 단원의 공부 시작일과 마감일을 설정한다.

4. 자료 활용
공부에 필요한 자료(시간, 책, 노트, 참고서, 온라인 강의 등)를 적절하게 활용한다. 자료를 효율적으로 활용하여 학습 목표를 달성할 수 있도록 계획한다.

5. 진행 상황 확인
공부 과정에서의 진행 상황을 모니터링하고 관리한다. 주기적으로 진행 상황을 확인하고 필요에 따라 일정을 조정하거나 추가적인 조치를 취한다.

6. 평가 및 개선
학습 목표를 달성한 후에는 공부 과정을 평가하고 개선점을 찾는다. 어떤 부분이 잘되었고, 어떤 부분을 개선해야 하는지를 파악하여 향후 공부에 반영한다.

구체적인 사례로는 비즈니스 분야에서는 스티브 잡스, 일론 머스크와 같은 기업가들이 있다. 각자의 분야에서 혁신적인 아이디어를 제시하고 이를 실현하기 위해 다양한 전략과 기법을 사용하여 성공을 거뒀다. 또한 학문적인 분야에서는 알베르트 아인슈타인, 마리 퀴리, 스티븐 호킹과 같은 과학자들이 있다. 이들은 자신의 연구에 대한 깊은 이해와 노력을 바탕으로 혁신적인 발견과 이론을 세우며 세계적인 영향력을 끼쳤다. 그리고 예술 분야에서도 레오나르도 다 빈치, 윌리엄 셰익스피어와 같은 창작자들이 있다. 이들은 자신의 예술적 재능과 열정을 바탕으로 뛰어난 작품을 창작하여 후세에 영감을 주었다. 이들은 각자의 분야에서 특별한 능력과 열정을 발휘하여 성공을 거두었으며, 이를 위해 다양한 공부 공식과 전략을 사용하였다.

여섯 가지 공부 공식을 만들기 위한 방법을 살펴보았다. 자기에게 가장 알맞은 한 가지 방법을 선택하여 공부 공식을 적용하여 어떤 과목이든 적용하고 실천하여 좋은 성과가 있기를 바란다.

공부 잘하는 레시피

04
공부의 마법 주문으로 자신감을 만들어라

"당신이 할 수 있다고 믿는다면, 반은 이미 이룬 것이다."

— 시어도어 루스벨트

공부의 마법의 주문은 일종의 긍정적인 자기 선언일 뿐이며, 실제로 마법적인 효과를 갖는 것은 아니다. 그러나 긍정적인 자기 선언이나 주문을 통해 자신에게 자신감을 부여하고 목표를 달성하는 데 도움이 될 수 있다. 성공한 사람들은 자신의 목표를 성취하기 위해 노력하고 희망적인 마법의 주문을 만들어 자신에게 자신감을 부여하였을 것이다.

자신감의 마법 같은 주문을 만드는 방법은 상상력을 발휘하고 긍정적인 언어를 사용하여 자신에게 자신감을 부여하는 문구를 만드는 것이다. 주문은 자신을 격려하고 자신감을 높이는 데 도움이 될 수 있다. 여기 몇 가지 예시가 있으니, 마음에 드는 것을 골라 마법의 주문으로 만들어라. 아니면 스스로 창작하라.

"나는 자신 있고 강하며 능력 있는 사람이다."

"나는 학교생활을 즐겁게 할 수 있다. 나는 충분히 가치 있고 능력 있다."

"오늘은 내게 좋은 날이다. 뭐든 다 내 뜻대로 이루어질 것이다."

"나는 강한 자신감을 가짐으로써 어떤 도전이든 성공할 수 있다."

"오늘은 공부가 아주 잘되는 날이다. 좋은 일들로 충만하다."

"내 인생의 주인공은 나다. 나는 소중한 사람이다."

이러한 주문을 사용할 때는 가능한 한 긍정적인 언어를 사용하고, 자신이 미래에 원하는 모습을 상상하는 것이 중요하다. 하루를 시작할 때나 공부하기 전에 주문을 반복하고, 자신이 원하는 자신감을 떠올리면서 사용하면 효과가 있을 것이다. 또한 주문을 종이에 적어서 책상이나 방문 등 가까운 곳에 붙여두고 자주 보는 것도 도움이 될 수 있다.

자기 선언은 자신의 목표와 원하는 바를 긍정적으로 선언하는 것이다. 이를 통해 자신에게 자신감을 주고 목표를 이루기 위한 자신의 능력을 믿는다. 성공한 사람들은 자주 자기 선언을 사용하여 자신에게 자신감을 충만하게 하고, 이를 통해 자신의 목표를 달성해 나갔을 것이다.

　공부를 열심히 하다가 실패한 후 다시 도전하여 자신감을 얻은 사람은 많다. 한 예로는 알버트 아인슈타인(Albert Einstein)이 있다. 아인슈타인은 어린 시절부터 수학과 과학에 대한 흥미를 보였지만, 학교에서는 성적이 좋지 않았고 뛰어난 학생으로 인정받지 못했다. 심지어 몇몇 교사들은 그를 무능한 학생으로 여겼다. 그러나 아인슈타인은 호기심이 많았고 탐구 정신이 뛰어났다. 이러한 탐구 정신은 그의 자신감과 끈기를 키우는 데 중요한 역할을 했다. 그는 실패를 겪으면서도 계속해서 자신의 꿈을 향해 나아갔으며, 마침내 그의 논문이 과학계에서 인정을 받게 되었다. 상대성 이론을 포함한 혁신적인 연구를 통해 노벨 물리학상을 수상하게 되었다. 아인슈타인은 자신의 실패를 통해 더욱 강해지고 자신의 꿈을 실현하였다. 그의 이야기는 자신감과 끈기를 갖고 어떤 어려움에도 굴하지 않는 대표적인 사례라고 할 수 있다.

　자신감을 마법처럼 자신에게 불어 넣을 수 있는 8가지 추가적인 방법도 있다.

　첫째, 사기와의 대화를 긍정석으로 하라.
　나에 대한 부정적인 생각이나 자아비판을 긍정적인 자기 대화로 대체한다. 자신에게 격려와 지지를 보내는 것이 중요하다.

'I can do it', '나는 충분히 자격이 있다' 내가 이번에 실패했지만, 이것은 성장의 기회이며 나는 더 많이 배우고 성장할 것이다'와 같은 긍정적인 자기 대화를 매일 반복한다. 미국의 심리학자 레이너 마튼스는 "지금 자신이 해야 할 상황을 어떻게든 잘 해결할 것 같다고 생각하도록 느끼는 것, 이러한 '잘 해결할 것 같다'라는 감각이 자신감이다."라고 말했다.

둘째, 자기 성찰과 감사의 태도를 가져라.

'감사합니다.' '감사합니다.'라는 말을 자주 해라. 정말 감사할 일들이 많이 생길 것이다. 그동안 노력해서 얻은 자신의 결과와 잘한 점을 살펴보며 정리한다. 자신을 축하하고 감사의 마음을 가질 때, 자신감이 증가할 수 있다.

셋째, 자기 신뢰와 자기 존중하여 자존감을 높여라.

자신의 판단과 결정을 믿고 자신에게 신뢰를 준다. 자신을 사랑하고, 자신의 능력과 역량을 인정하며 존중한다. 자신을 소중히 여기는 것은 자신감을 키우는 첫 번째 단계이다. 다음의 명구들을 읽어보면서 자기 신뢰와 존중의 의미를 생각해 보자.

"자기 신뢰는 인생의 첫 번째 비밀이다."

- 랄프 왈도 에머슨

"당신이 할 수 있다고 믿든 할 수 없다고 믿든, 당신은 옳습니다."

- 헨리 포드

"자기 사랑은 다른 사람을 사랑하는 능력의 기초이다."

- 에리히 프롬

"자기 자신을 사랑하는 것은 평생의 로맨스의 시작이다."

- 오스카 와일드

넷째, 작은 성취를 반복하라.

작은 목표나 일일 목표를 설정하고 이를 달성할 때마다 스스로에게 칭찬한다. 작은 성취가 모이면 큰 성취로 이어지며 자신감을 얻게 된다. 근자감이란 말을 들어 본 적이 있는가? 근거 없는 자신감이라는 말인데, 현실적인 경험이나 지식 없이 자신감을 느끼는 것을 뜻한다. 적당한 수준의 근자감은 새로운 도전에 대한 용기를 부여하고, 자신의 능력을 발휘하는 데 도움이 될 수 있다. 예를 들어, 새로운 과제를 시작할 때 약간의 근자감은 당면한 과제에 대한 자신감을 높여줄 수 있다. 이는 새로운 상황에 대한 긍정적인 마인드를 유지하고 자신의 잠재력을 최대한 발휘할 수 있게 도와주기도 한다. 근자감을 가질 때는 자신의 능력을 과대평가하지 않도록 유의하고 겸손한 마음을 갖는다.

다섯째, 실패를 정상적인 과정으로 받아들여라.

실패를 배움의 기회로 바라보자. 실패는 성공으로 가는 길에서의 일시적인 장애일 뿐이고 실패에서 얻은 경험과 교훈은 여러분을 더 나은 방향으로 이끌어 줄 수 있다. 실패를 경험할 때마다 자신을 비난하거나 자책하지 말고, 어떤 점을 배웠는지를 돌아보고, 이를 향후의 공부 성공을 위한 자산으로 삼는다.

여섯째, 자기관리 및 건강한 라이프 스타일을 유지하라.

충분한 휴식과 수면, 건강한 식습관, 규칙적인 운동 등을 통해 자신을 관리한다. 게임을 너무 오래 하거나, 인스턴트식품들을 주로 먹거나 하게 되면 몸이 지치고, 독소가 쌓여서 건강을 해치게 된다. 몸과 마음의 건강은 자신감을 높이는 데 중요한 역할을 한다.

일곱째, 자기 동기 부여를 활성화하라.

1. 내 안의 열정을 일으켜라.

  자신의 열정과 목표에 대한 열망을 다시 한번 상기시키는 것이 중요하다. 자신이 왜 공부하고 있는지, 어떤 목표를 향해 나아가는지를 생각한다.

2. 자신을 믿어라.

  자신의 능력과 가능성을 믿으며, 자신이 할 수 있다고 믿는다. 자신에게 자신감을 주는 긍정적인 자기 대화를 계속해나간다.

3. 성취를 상상하라.

  목표를 달성했을 때의 성취감과 기쁨을 상상한다. 그 순간을 상상하면 자신을 북돋울 수 있다.

4. 위인전이나 긍정적인 명언을 읽어라.

  존경하여 되고 싶은 위인들의 일대기를 써 놓은 위인전을 반복하여 읽거나, 긍정적인 명언을 찾아 자신에게 긍정적인 에너지를 주고 동기 부여를 한다.

5. 자신의 가치와 목표를 강조하라.

  자신의 가치와 목표를 다시 한번 생각해 보고 강조한다. 자신이 가진 역량과 가능성을 믿으며 자신감을 만든다.

공부 잘하는 레시피

여덟째, 작은 목표를 설정하고 달성하라.

작은 목표를 설정하고 이를 달성하는 것으로 시작한다. 성취감을 느끼면서 자신감을 키울 수 있다. 자기 스스로에 대한 부정적인 대화를 긍정적으로 대화로 바꾸어 자신을 격려한다. 이 세상에 자기 자신을 사랑하는 것은 자기 자신밖에 없다. 소중한 가족들도 있지만, 자기가 자기 자신을 아끼고 사랑해 주어야 한다. 평소에 관심 있는 것에 대해 새롭게 도전하여 배워보며 자신감을 키워간다.

3장

시험을
잘 보는
전략 알기

01
시험 성적이 잘 안 나오는 그 이유를 알아라

"교육은 학교를 떠난 후에도 배운 것을 잊어버렸을 때 남는 것이다."
— 알베르트 아인슈타인

"시험 전날의 한 시간은 평소의 하루와 같다."
— 격언

중학교에 다니는 보람이는 공부는 늘 열심히 하는데 시험을 보면 성적이 노력한 만큼 나오지 않아서, 고민이 많다. 가르치는 선생님들과 상담도 해 보았지만 이유를 정확하게 알 수 없었다. '나는 시험에 운이 없나 보다. 내가 공부한 것 중에 적중한 것이 별로 없어' '나는 머리가 나쁜가 봐. 모두 나의 잘못이야' 이렇게 자신의 책망하고 지낸다. 여러분 중에 보람이와 같은 경우가 있을 것이다. 노력한 만큼 시험 성적이 나오지 않아서 짜증 나고 스트레스를 받는 경우다. 이처럼 시험을 봐도 성적이 나오지 않는 이유는 무엇일까? 이유는 정말 경우에 따라 다양할 수 있다. 하지만 공통적인 7가지만 살펴보자.

첫째, 공부 방법이 적절하지 않다.

어떻게 공부하는지에 따라서 학교 성적이 나온다. 열심히 한다고 해서 성적이 무조건 오르는 것은 아니다. 공부 방법이 효과적이지 않거나 개선이 필요한 경우가 있다. 그래서 우리는 이 책을 읽으며 공부 방법을 배우는 중이다. 공부는 공부하는 방법을 배워서 하는 요령이다.

공부 방법이 적절하지 않은 경우를 알아보자.

1. 너무 많은 메모를 한다
모든 것을 메모하려고 하면 시간이 낭비될 수 있으며, 중요한 내용을 식별하기가 어려워질 수 있다.

2. 단순한 암기만 한다
이해하지 않고 단순히 암기만 하는 공부는 지루하고 효과적이지 않을 수 있다.

3. 과도하게 집중한다
과도한 집중은 피로를 유발하고 집중력을 잃을 수 있다. 주기적인 피로를 풀 수 있는 휴식이 필요하다.

4. 똑같은 공부 방법 사용한다
모든 과목에 똑같은 공부 방법을 적용하는 것은 효과적이지 않을 수 있다. 과목별로 다양한 공부 방법을 사용해야 한다.

5. 시간 관리가 부족하다
공부 계획을 세우지 않거나 시간을 효율적으로 활용하지 않는 경우 공부에 소비되는 시간이 낭비될 수 있다.

6. 다양한 활동이 부족하다

단순히 책을 읽기만 하거나 문제집을 푸는 것만으로는 충분하지 않다. 다양한 활동 즉 수업이나 학습 활동에 적극적으로 발표 참여하고, 과학이나 수학 등의 과목에서는 실험과 실습에 참가하는 등 개념을 이해하고 응용하는 것이 중요하다.

둘째, 집중력이 부족하다.

공부할 때 집중력이 부족하거나 산만한 경우 성적이 나빠질 수 있다. 25분 동안 집중해서 공부하고, 5분간 휴식하는 포모도로 (Pomodoro) 기법을 사용한다. 또한 공부 시간 동안에는 휴대폰을 꺼두거나 인터넷 브라우저를 닫고, 주변의 소음을 줄이는 등의 조치를 취한다. 또한 공부를 위한 효율적인 환경을 조성한다. 조용한 장소에서 공부하고, 필요한 자료를 미리 준비해 둔다. 집중력을 유지하기 위해서는 적절한 휴식이 필요하다. 일정한 간격으로 짧은 휴식을 취하거나 몸과 마음을 편안하게 만들어 주는 운동이나 명상을 통해 스트레스를 해소한다.

셋째, 개인적인 문제이다.

가정이나 건강 등 개인적인 문제가 공부에 집중하는 데 방해가 될 수 있다. 이러한 개인적인 문제를 인식하고 대처하는 것이 중요하다. 개인적인 문제가 누구에게나 있을 수 있으니 다음 내용을 통하여 스스로를 살펴보고 스트레스 관리, 건강한 생활 습관 유지, 긍정적인 자아 존중감 만들기 등을 통하여 해결 방법을 생각해 보라.

1. 스트레스

과도한 스트레스는 집중력을 저하시키고 학습 능력을 감소시킬 수 있다. 문제를 해결하고 스트레스를 관리하는 방법을 찾는 것이 중요하다.

2. 건강 문제

건강 문제는 학업을 집중하는 데 방해가 될 수 있다. 충분한 수면과 올바른 식습관을 유지하고, 신체적 활동 즉 운동 등을 통해 건강을 유지하는 것이 좋다.

3. 자아 존중감 부족

자아 존중감 부족은 자신을 가치 있게 여기지 못하고 부정적인 자아 이미지를 가질 수 있고 이는 학업에 대한 자신감을 저하시킨다.

4. 소셜 미디어 및 디지털 중독

너무 많은 시간을 소셜 미디어나 디지털 기기에 쏟는 것은 공부 시간을 줄이고 집중하는 데 방해가 될 수 있다.

5. 부정적인 태도와 자존감 저하

부정적인 태도와 자존감 저하는 자기의 능력을 과소평가하고 자신에 대한 믿음을 저하시킬 수 있다.

넷째, 과목의 난이도이다.

때로는 과목의 난이도가 높아서 이해하기 어려울 수 있다. 이러한 경우 추가적인 지도나 도움을 받아야 한다. 과목의 난이도를 극복하기 위해서는 해당 과목에 대한 이해도를 향상시키는 것이 중요하다. 수업 내용의 핵심 개념을 확실하게 이해한다. 이해하지 못하는 부분이 있으면 선생님이나 친구에게 질문하여 해결한다. 또한 복습하면서 문제집과 연습 문제를 풀면서 핵심 개념을 익힌다.

다섯째, 시험 기술의 부족이다.

'시험도 기술이냐?'고 질문한다면 '그렇다'가 정답이다. 공부한 것을 시험 볼 때 올바른 시험 기술을 사용하면 시험 시간을 효율적으로 활용하고, 문제에 정확하게 대답할 수 있기 때문이다. 시험 기술은 시험을 준비하고 응시할 때 사용되는 다양한 전략과 접근 방법을 포함한다. 5가지 시험 기술에는 시간 관리, 문제 해석, 효과적인 기억 방법, 스트레스 관리 등이 포함된다. 그럼 구체적인 시험 기술에 대해 알아보자.

1. 시간 관리 기술

시험 시간을 효율적으로 활용하기 위해 시간 관리가 매우 중요하다. 시험이 시작되면 시험지 전체 면에 총 몇 문제인지를 확인한다. 문제를 순서대로 풀면서 배점이 큰 문제에 비중을 두고 풀면서 어렵고 좀 더 신중을 기할 문제는 체크를 해 둔다. 쉬운 문제들을 다 풀어 놓고, 다시 돌아와 체크해둔 문제를 남은 시간을 활용하여 답안을 작성한다. 시험 시간의 남은 시간을 확인하면서 답안지 OMR 카드를 작성하고 헷갈리는 문제의 답은 적색 펜으로 표기만 해 두었다가 마지막 종료 전에 최종 선택 후 표기하여 완벽하게 시간을 사용하고 답안지를 제출한다.

2. 문제 해석 기술

시험 문제를 정확하게 이해하는 것이 매우 중요하다. 문제를 빠르게 읽고 키워드나 주요 지시 사항을 파악해야 한다. 또한 문제에서 무엇을 요구하는지를 명확하게 알고, 필요한 답변을 작성하기 위해 문제를 분석하는 능력과 집중력이 필요하다.

3. 효과적인 기억 방법 기술

시험에 필요한 정보를 기억하기 위해 효과적인 기억 방법을 사용하는 것이 중요하다. 이러한 방법으로는 키워드 기억법, 청킹, 마인드 맵 등이 있다. 자신에게 가장 잘 맞는 기억 방법을 찾아 활용한다.

4. 효율적인 응시 전략 기술

여러 문제를 미리 훑어 보고 쉬운 문제부터 먼저 풀고, 시간이 남으면 난이도가 높은 문제에 도전하는 것이 좋다. 또한 주관식 서술형의 문제인 경우 빈칸을 남기지 말고 가능한 기억해 낸 것들을 잘 정리하여 답안을 작성하는 것이 중요하다.

5. 스트레스 관리 기술

시험을 보는 동안 스트레스를 효과적으로 관리하는 것이 중요하다. 문제가 잘 안 풀리면 깊게 숨을 들이마시고 규칙적으로 호흡하거나, 기억을 잘 떠올리기 위한 눈을 감아 보는 등 긴장을 풀고 집중력을 유지한다.

이러한 시험 보는 기술들을 활용하여 시험을 준비하고 응시하는 데 더욱 효과적으로 대비할 수 있다. 이를 통해 시험에서 더 나은 성과를 반드시 이룰 수 있을 것이다.

여섯째, 시험에 대한 불안감이다.

시험을 보기 전에 불안한 마음이 드는 것은 매우 자연스러운 일이다. 시험을 앞두고 나타나는 강한 불안이나 스트레스로 인해 발생하는 심리적 증상을 '시험 불안 증후군'이라고 한다. 이것은 일반적으로 시험 전에 나타나며, 다음과 같은 증상을 나타낸다.

---

1. 신체적 증상

심장이 빠르게 뛰거나 심장이 막히는 듯한 느낌, 땀이 많이 나는 등의 신체적 반응이 나타난다.

2. 정신적 증상

불안, 긴장, 두려움, 불안감 등의 정신적인 증상이 나타난다.

3. 행동적 증상

집중력이 떨어지거나 혼란스러움, 기억력 감퇴 등의 행동적 증상이 나타난다.

4. 감정적 증상

무력감, 자책감, 자신에 대한 부정적인 자화상 등의 감정적인 증상이 나타날 수 있다.

시험 불안 증후군은 많은 학생들이 경험하는 일시적인 현상이지만, 너무 심각하거나 지속적일 경우에는 심리상담을 받는 것이 도움이 될 수 있다. 시험 불안 증후군을 관리하기 위해서는 효과

적인 스트레스 관리 기술과 시험 준비에 대한 계획을 세우는 것이 도움이 될 수 있다. 나 같은 경우 시험 보기 전에 꼭 화장실을 다녀오고, 물을 마셨던 기억이 있다. 선생님이 시험지를 갖고 들어오셔서 "눈을 감으세요."라고 명령하면 짧은 시간이지만 '마인드 컨트롤'을 했던 기억이 있다. 'ㅇㅇ야, 넌 최선을 다했어. 다 알고 있는 문제가 나올 거야. 걱정 말고 집중해서 잘해 보자.'이다. 여러분도 매년 보는 다양한 시험에 대한 불안감을 극복하는 한두 가지의 팁은 가지고 있을 것이다.

그럼 시험에 대한 불안감을 극복하는 방법에 대해 알아보자.

1. 충분한 준비

시험에 대한 불안감은 일반적으로 미비한 준비 때문에 생길 수 있다. 따라서 시험을 위한 알맞은 준비를 위해 미리 시험 공부 계획표를 만들고 공부 시간을 효율적으로 활용한다.

2. 긍정적인 태도 유지하기

자신에게 긍정적인 메시지를 전달하고 긍정적인 마음가짐을 유지한다. '나는 할 수 있다', '난 잘할 거야, 걱정 마… ㅇㅇ야'라는 긍정적인 자기 대화를 하면서 자신에게 자신감을 심어라. 긍정적인 태도는 두려움을 극복하고 삶을 성공적으로 살아가도록 돕는 매우 효과적인 방법이다.

3. 긍정적인 이미지 시각화

시험을 성공적으로 마친 뒤의 긍정적인 상황을 시각화한다. 성공한 모습을 상상하면서 자신을 격려하고 자신에게 자신감을 심어라.

4. 깊은 숨을 쉬기

시험을 시작 전에 걱정이 앞서고 떨리는 경우가 있다. 이럴 경우 '마인드 컨트롤'이 필요하다. 깊게 숨을 '습' 하면서 들이마시고 '후' 하면서 내시면서 규칙적으로 호흡하여 마음을 안정시켜라. '나는 모든 문제를 잘 풀 수 있다. 내가 공부한 내용 중에서 대부분 나올 것이다'라는 주문을 외우고 자신감을 갖는다. 이제 긴장과 불안을 풀고 시험 문제에 집중해라.

5. 실전 모의고사 풀기

시험 전에 실전 모의고사 또는 문제집을 통해 자신의 실력을 확인하고 더 나은 대비를 할 수 있다. 시간 제한의 모의고사나 문제집을 통해 시험 상황을 익숙하게 만들면 불안감을 줄일 수 있다.

6. 신체적 건강 유지하기

충분한 수면을 취하고 규칙적인 운동(체육 시간, 방과 후 활동)을 통해 신체적 건강을 유지한다. 신체적 건강이 좋으면 스트레스와 불안감을 관리하는 데 도움이 된다.

일곱째, 시험 공부 방해들이다.

시험공부를 방해하는 요인은 여러 가지가 있으며, 카테고리로 구분할 수 있다. 아래는 주요 방해 요인들을 학습 방법적 요인, 체력적 요인, 환경적 요인, 심리적 요인, 디지털 요인 등으로 구분한 목록이다.

자기에게 맞는 방해 요인들을 체크해 보고 생각하는 시간을 가져라.

요인	내용	체크
학습 방법적 요인	- 무작정 암기만 한다. - 명확한 공부 계획을 세우지 못한다. - 공부한 내용을 충분히 복습하지 않아 기억이 안 난다. - 너무 많은 내용을 한꺼번에 몰아 공부한다.	
체력적 요인	- 밤을 새서 수면을 취하지 못한다. - 체력이 저하되고 피로가 쌓인다. - 밥을 잘 먹지 못한다. - 컨디션이 좋지 않다. - 스트레스를 많이 받는다.	
환경적 요인	- 공부하는 장소가 시끄럽게 소음이 난다. - 책상과 의자가 불편하고 조명도 어둡다. - 공부 공간이 정리되지 않고 어수선하다.	
심리적 요인	- 시험에 대한 불안과 스트레스가 심하다. - 공부를 왜 해야 하는지 이유를 모르겠다. - 자신감이 부족하다. - 시험 공부를 완벽하게 하려고 노력한다. - 부모님의 잔소리가 싫다.	
디지털 요인	- 스마트폰이나 태블릿 등의 디지털 기기가 자주 울리거나 알림이 온다. - 인터넷 서핑, 소셜 미디어, 게임 등을 한다. - 필요한 자료나 정보를 찾아 공부하려면 컴퓨터 기기가 잘 작동되지 않는다.	
기타 (개인적 요인)	- 친구나 가족의 방해, 예기치 않은 방문이 있다. - 시간을 효율적으로 관리하지 못한다. - 불규칙한 생활 습관을 가지고 있다. - 기억력이 좋지 않아 자신이 머리가 좋지 않다고 생각한다.	

공부 잘하는 레시피

시험 공부 방해 원인은 학습 방법적 요인, 체력적 요인, 환경적 요인, 심리적 요인, 디지털 요인, 기타(개인적 요인) 등 정말 다양하다. 이제 충분히 시험 성적이 안 나오는 이유에 대해 살펴보았다.

시험을 잘 볼 수 있도록 하는 효율적인 시험 준비하는 6단계 방법을 알아보자.

1단계: 시험에 대한 정보를 명확히 파악하기

시험 날짜 및 시간, 시험 범위, 시험 유형, 시험 당일에 필요한 준비물(필기구 등)

2단계: 시험 범위에 해당하는 자료 준비

교과서 및 필기 노트, 참고서 및 문제집, 온라인 자료 등을 준비하고 공부할 주제, 개념, 공식, 핵심 내용 등을 파악한다.

3단계: 단순 암기보다 이해 중심으로 공부하기

중요한 개념과 공식을 요약하고 외우며, 기출문제와 예상 문제를 풀어 본다. 틀린 문제를 정리하고 왜 틀렸는지 분석한다.

4단계: 주기적으로 공부한 내용을 복습하여 기억 강화하기

시험 전 모의시험을 통해 실전 감각을 익히고 자기 평가를 하여 부족한 부분을 보완한다.

5단계: 시험 공부한 내용을 요약하기

선생님이 수업 시간에 강조한 내용을 점검하고 '내가 선생님이라면 어떤 문제를 출제할까?'를 생각해 본다.

6단계: 시험 전략 세워두기

제한된 시험 시간을 잘 활용하여 문제 풀이 시간을 적절히 분배할 생각을 미리 해 본다. 시험 문제를 꼼꼼히 읽고 이해한 후 답안을 작성할 계획을 세운다. 그리고 자신 있는 문제부터 풀어 자신감을 얻고, 시험 시간을 효율적으로 사용한다.

공부 잘하는 레시피

02
시험 치기 전략! 이렇게 하라

"가장 중요한 일을 먼저 하라. (Do the most important things first)"
— 피터 드러커

시험을 잘 보는 전략은 각자의 공부 방식과 성향에 따라 다를 수 있지만, 일반적으로 유용한 세 단계의 전략을 알아야 한다. 시험 전략을 잘 이해하고 스스로 자기 시험 계획을 세울 때 활용하면 된다. 시험 잘 보는 전략이 있다.

1단계. 시험 전 전략

학교 시험 준비는 시험공고가 되는 날부터, 또는 시험 4주일 전부터는 시작해야 한다. 시험 준비 계획을 통해 시험을 보는 내용에 대한 체계적인 복습 체계를 만들어 시험을 준비한다. 매일 공부 목표와 시간 계획을 세운다. 계획을 세우면 심리적 안정과 해보고자 하는 동기를 갖게 만든다.

시험 준비하기

1. 시험 범위 내의 공부 목표 정하기
2. 매일 시험 공부한 것 적어 놓기
3. 할 일 순서 정하고 가장 중요한 일부터 먼저 하기
4. 시험 공부 시간은 1시간~2시간 단위로 설정하기

시험 준비를 효과적으로 하기 위해서는 체계적인 전략이 필요하다. 단계별로 효율적인 시험 준비 전략 7가지를 알아보자.

◆ 첫째, 시험 정보 파악하기

1. **시험 날짜 및 시간**: 시험이 언제인지, 몇 시에 시작하는지 정확히 확인한다.
2. **시험 범위**: 시험에 출제될 범위를 명확히 파악한다.
3. **시험 유형**: 객관식, 주관식, 서술형 등 시험의 형태로 출제 문제 유형을 알아본다.
4. **준비물과 가져오면 안 되는 물품 확인**: 필기구, 연습장 등 필요한 준비물을 미리 챙기고 지니고 있으면 안 되는 물품은 가져오지 않는다.

♦ 둘째, 시험 공부 계획 수립하기

1. **목표 설정**: 각 과목별로 목표 점수를 설정해 본다.

2. **공부 계획표 작성**: 시험일까지의 일정을 고려하여 매일 무엇을 공부할지, 몇 시간을 공부할지 등 계획표를 꼼꼼하게 짠다.

3. **우선순위 설정**: 중요한 과목이나 어려운 주제에 우선순위를 두고 더 많은 시간을 투자한다.

4. **복습 시간 포함**: 정기적으로 복습 시간을 계획에 포함시킨다.

♦ 셋째, 자료 준비하기

1. **교과서 및 필기 노트**: 수업 시간에 사용했던 교과서와 필기 노트를 정리한다.

2. **참고서 및 문제집**: 추가적인 참고서와 문제집을 준비하여 다양한 문제 유형에 대비한다.

3. **온라인 자료**: 인터넷 강의, 학습 사이트, 유튜브 등의 온라인 자료를 활용한다.

♦ 넷째, 공부 방법 적용하기

1. **이해 중심 학습**: 단순 암기보다는 내용을 이해하려고 노력한다.

2. **요약 및 정리**: 중요한 개념과 내용을 요약하고 정리한다.

3. **문제 풀이**: 기출문제와 예상 문제를 풀어보면서 시험에 대비한다.

4. **시간제한 설정**: 실제 시험과 같은 시간으로 제한을 두고 문제 풀기를 한다.

5. **오답 정리**: 틀린 문제를 정리하고 왜 틀렸는지 분석한다.

♦ 다섯째, 복습과 점검하기

1. **정기적인 복습**: 주기적으로 공부한 내용을 복습하여 기억을 강화한다.

2. **모의고사**: 시험 전 모의고사를 통해 실전 감각을 익힌다.

3. **자기 평가**: 자신의 공부 성과를 평가하고 부족한 부분을 보완한다.

4. **디지털 디톡스**: 스마트폰과 같은 디지털 기기를 멀리하여 집중력을 높인다.

♦ 여섯째, 건강 관리하기

1. **충분한 수면**: 시험 전날에는 충분한 수면을 취하여 컨디션을 최상으로 유지한다.

공부 잘하는 레시피

2. **규칙적인 운동:** 가벼운 운동, 산책을 통해 스트레스를 해소하고 집중력을 높인다.

3. **건강한 식습관:** 균형 잡힌 식사를 통해 신체와 뇌에 필요한 영양을 공급한다.

◆ 일곱째, 시험 당일 준비

1. **준비물 확인:** 시험 당일에 필요한 준비물을 미리 챙긴다.

2. **일찍 도착:** 시험 장소에 여유 있게 도착하여 긴장을 풀고 준비한다.

3. **마지막 점검:** 시험 직전에 간단하게 핵심 내용을 점검한다.

4. **심리적 준비:** 시험에 대한 불안감을 줄이기 위해 긍정적인 마음가짐을 유지하고, 긴장을 풀 수 있는 방법을 연습한다.

2단계, 시험 중 전략

1. 시험 시간

어려운 문제에 너무 많은 시간을 투자하지 말고, 먼저 쉬운 문제부터 풀어서 시간을 절약한다.

2. 문제 해석

문제를 꼼꼼히 읽고 모든 지시 사항을 이해한다. 문제를 여러 번 읽으면서 중요한 내용과 요구사항을 파악한다.

3. 순서 선택

본인에게 가장 편한 순서로 문제를 푸는 것이 중요하다. 일반적으로 쉬운 문제부터 풀고, 자신이 자신 있는 문제부터 푸는 것이 좋다.

4. 서술형 질문

답안을 작성할 때 명확하고 간결하게 표현한다. 본인의 의견이나 생각을 논리적으로 전달하는 것이 중요하다.

5. 빈칸 채우기

시험 시간을 적절히 활용하여 빈칸을 채운다. 가능한 많은 문제에 답을 작성하고, 객관식이나 단답형 문제는 빈칸을 남기지 않는다.

6. 긴장 완화

긴장을 풀기 위해 깊게 숨을 들이마시고 천천히 내쉰다. 긴장을 풀고 집중력을 회복하기 위해 눈을 감고 깊게 숨을 들이마시고 내쉬는 것도 효과적이다.

공부 잘하는 레시피

시험을 잘 보기 위해서는 시험 치는 요령도 중요하다. 시험을 잘 볼 수 있는 5가지 요령을 살펴보자.

◆ 첫째, 시험 시간 관리하기

1. 전체 문제 파악

시험지를 받으면 먼저 전체 문제를 훑어본다. 어떤 문제가 있고, 각 문제에 얼마나 시간을 할애해야 할지 판단한다. 난이도를 짐작해 보고, 어려운 단어나 공식, 헷갈리는 내용은 외우고 있다가 시험지를 받자마자 적어두는 요령도 필요하다.

2. 쉬운 문제부터 풀기

자신 있는 문제부터 풀어 자신감을 얻고, 시간을 효율적으로 관리한다.

3. 시간 배분

각 문제에 할애할 시간을 정하고, 한 문제에 너무 오래 매달리지 않는다. 시간이 부족할 것 같으면 우선 배점이 큰 문제를 답하고 나머지를 채워나간다.

◆ 둘째, 문제 풀이 요령 알기

1. 문제 이해: 문제를 꼼꼼히 읽고, 요구하는 것이 무엇인지 명확히 파악한다.

2. 키워드 찾기: 문제에서 중요한 키워드를 찾아 표시해둔다.

3. 계산 문제

계산 문제는 정확성을 기하기 위해 천천히 풀고, 풀이 과정도 꼼꼼히 적어둔다.

4. 서술형 문제

서술형 문제는 논리적인 흐름에 따라 답을 작성하고, 중요한 포인트를 빠뜨리지 않는다.

5. 검토 시간

시험 끝나기 전에 답안을 검토할 시간을 남겨두어야 한다. 특히, 잘못된 답이나 빠뜨린 부분이 없는지 확인해야 한다.

◆ 셋째, 객관식 문제 요령

1. 답안지 주의: 답안지를 정확히 표시하고, 한 칸씩 밀리지 않도록 주의한다.

2. 추리와 소거법

확실하지 않은 문제는 추리와 소거법을 사용하여 정답을 찾는다.

객관식 중 '~가 아닌 것은?' 등의 틀린 것을 골라내는 문제는 문항들끼리 공통점을 비교해 보고 확실히 아닌 것들만 골라서 답한다.

3. 찍기 전략

모르는 문제는 확률적으로 가장 맞을 가능성이 높은 답을 선택한다. 일관성 있는 답을 고르는 것이 좋다.

◆ 넷째, 주관식 및 서술형 문제 요령

1. 논리적 답변: 서론, 본론, 결론의 논리적 구조로 답변을 작성한다.

2. 핵심 내용 강조: 중요한 키워드나 개념을 강조하여 작성한다.

3. 간결하고 명료하게: 장황하게 설명하지 말고, 핵심 내용을 간결하게 적는다.

◆ 다섯째, 마음 관리

1. 긴장 완화: 깊게 호흡하고 긴장을 푼다.

2. 긍정적인 태도

긍정적인 마음가짐을 유지하고, 자신을 격려한다. '나는 할 수 있다'는 생각을 하며 마인드 컨트롤을 한다.

3. 휴식 시간 활용

시험이 끝나고 다음 시험 시간을 기다리는 쉬는 시간에 잠깐 눈을 감고 심호흡을 하며 긴장을 풀어 본다.

4. 정신 집중 유지: 시험 중에 집중이 흐트러지지 않도록 노력하고, 문제에 몰두한다.

3단계, 시험 후 전략

1. 피드백과 반성

　시험 후에는 자신의 성적과 답안을 되돌아보고, 어떤 부분에서 실수했는지, 어떤 부분을 개선해야 하는지 노트에 적으면서 반성하고 피드백을 받는다.

2. 몸과 마음 쉬기

　시험을 보고 나면 몸과 마음이 지칠 수 있다. 충분한 휴식과 수면을 취하여 몸을 회복시켜 준다. 산책 또는 운동, 취미 활동, 독서 또는 영화 감상, 친구 만나기 등 본인의 취향에 맞는 휴식을 취하여 생기를 되찾도록 한다.

공부 잘하는 레시피

03
1% 공신들의 시험 전략을 배워라

중학교 학생들에게 '시험 치는 나만의 비법이나 전략을 가졌는 가?'를 질문하였다. 대답을 보면서 학생들은 시험 전략을 어떻게 사용하고 있는지 알아보자.

- 기출문제를 많이 풀고 틀린 유형을 집중적으로 더 풀어 실수를 줄인다.
- 시험 보기 전 헛갈렸던 내용 확인 후 차례대로 머릿속으로 정리한다.
- 암기 과목은 꼭 노트를 사용한다.
- 시험 시간표의 역순대로 공부한다. 학원을 가면 눈치 보여서 돈이 아까워서 뭐라 도 하게 된다.
- 처음 개념 공부를 하고 그다음 기출문제를 풀고 오답을 정리함
- 번개 치기
- 짧거나 외우기 쉬운 것부터 공부
- 답이 눈에 보이는 문제부터 푼다. 어려운 문제는 일단 제쳐두고 나중에 풀기, 쉬운 것부터 풀기
- 선생님과 눈 마주치며 수업 듣기, 한 달 전부터 계획해서 공부, 교과서·학습지 다

시 풀면서 달달 외우기, 수학이나 영어는 평소에 예습해두기
- 초반에 집중이 잘되어 어려운 문제들을 풀고 후반에 쉬운 문제 풀기
- 암기 과목의 경우 시험 범위를 여러 번 보고 혼자 중얼거리며 선생님처럼 설명하기. 외우는 게 필요할 때 조금씩 외우면서 설명하듯이 얘기하면 잘 외워진다. 친구나 가족에게 설명해 주기. 이해했으면 친구에게 설명해 준다.
- 고민해 보고 모르는 문제는 빠르게 넘어간다.
- 시험 치는 날 밥 먹고, 시험 치기 전 초콜릿 먹기
- 친구들과 질문 주고받기
- 4주 계획을 세우고 공부
- 수업 시간에 집중하고 시험 1~2주 전에 교과서 계속 읽어보기
- 시험을 다 본 후 다른 색 펜으로 검토하기
- 공부한 것의 최대치를 뽑아내기
- 어려운 과목은 문제집을 사서 풀고, 암기 과목은 교과서를 반복해서 본다. 역사는 플래시 카드로 만든다.
- 선생님이 집어 준 부분을 보는 것
- 자습서 읽기 → 문제 풀기 → 오답 고치기 → 기출문제 풀기
- 시험 범위를 꾸준히 외우고, 시험 보는 날 학교에 일찍 와서 한 번 더 확인하기, 수업 시간에 중요한 부분 하이라이트하고 세부 내용 정리하기
- 문제를 꼼꼼히 읽고 풀기
- 모르는 문제는 빠르게 넘어가기
- 시험 치기 전 제일 공부가 힘들었던 부분을 집중적으로 보고, 예비종 쳤을 때 심호흡하기
- 어려운 문제에 막혀도 당황하지 않도록 멘탈 관리를 잘하는 것
- 부모님이 사용하시는 필기구를 옆에 두고 시험을 치면 긴장이 덜 됨
- 학생들이 학원에 얽매여 학교 수업 시간에 집중을 못 하는 경우가 많다. 시험을 출제하는 사람은 각 과목 선생님이므로 학교 수업에 집중하는 것이 가장 중요하다. 선생님께서 수업 시간마다 강조하는 부분을 공부하는 것이 중요하다.
- 결과는 내가 한 만큼 나오는 거다. 적게 했으니까 긴장하는 거다.
- 교과서와 선생님이 나눠주신 학습지를 암기하고 그걸 위주로 공부한다.

- 복습 및 예습, 시험 4주 전 자습서로 공부, 시험 1주 전 과목에 따라 문제집 풀기
- 시험 4주 전: 전 과목 총정리, 교과서 읽고 부족 부문 인강으로 보충
- 시험 3주 전: 수학, 영어 위주로 공부 수학(내신 문제집으로 유형 연습) 영어(교과서 본문 내용 파악 및 암기)
- 시험 2주 전: 국어, 사회(역사), 과학 위주로 공부. 수학(심화 문제 정복) 영어(문법 암기) 국·사(역)·과 공책 정리 및 암기
- 시험 1주 전: 우리 학교 기출문제 풀기, 기타 과목(일어, 한문, 기술·가정) 암기
- 수업 시간에 열중
- 교과서 많이 읽기(외우기) 문제집 및 기출 등 많이 풀어보기 그리고 간단하게 노트 정리하면서 암기하기
- 개념을 확실하게 잡아가며 1회독 및 노트 필기하고 문제 풀이, 목표 점수를 두고 공부하기
- 암기 과목은 스스로 말하면서 외우고, 문제집 학교프린트 기출문제를 많이 보고 외우고 푼 뒤 부족한 것 찾아보고 공부하기
- 무작정 외우기보다는 이해하며 공부하기
- 매일 매일 조금이라도 몇 시간씩 공부하기
- 시험 문제를 먼저 바르게 풀고 이후 검토하면서 선지들이 왜 틀렸는지 이유를 적으면 실수를 덜 할 수 있는 점, 시험 일주일 전부터는 규칙적인 생활과 시험 직전날은 혼자서 교과서 프린트 정독하기, 나만의 요약 노트 만들기, 달콤한 음식과 열량 높은 음식을 섭취하고 '공부한 만큼만 하면 된다'는 믿음, 수업에 몰입하고 복습하기, 벼락치기, 암기 과목은 수업을 들은 날 복습해서 공부 시간을 단축한다. 수학과 영어는 많은 유형의 문제를 풀고 오답 정리를 꼼꼼히 해야 함. 한 문제 한 문제를 꼼꼼히 보는 것, 선생님께서 주신 학습 유인물 복습, 모르는 것 과감히 넘겨서 쉬운 문제 못 풀지 않도록 하고 헷갈리는 내용은 직전까지 외우다가 시험지 받자마자 작게 써두기, 시험 치기 3~4주 전에 개념 및 관련 기본문제를 풀어 보고 1~2주 전에 기출문제 풀기, 암기, 여러 가지 문제를 풀어 유형을 외운다. 좋은 필기구를 쓴다. 선생님께 빙의하기. 선생님께서 하신 말씀은 모두 적고 계속 복습함. 좋은 문제집을 많이 풀어본다. 암기 노트 만들기, 교과서를 최대한 많이 읽는다.

위의 내용을 읽고 무엇을 느꼈는가? 같은 방식으로 시험 전략을 쓰는 친구들도 있고, 나랑은 다르게 시험 공부를 해서 참고할 만한 점이 있으면 좋겠다.

그럼 1% 공신들의 시험 전략은 무엇인지 살펴보자. 소개하는 내용은 학술적 연구 및 논문의 통계 분석, 실험, 조사 등을 통해 수집된 데이터와 학습전략 전문가의 의견 및 현장에서의 경험과 사례 연구 등을 통해서 나온 다양한 요소들을 종합적으로 고려하여 분석하고 근거하여 작성하였다.

첫째, 자기 스타일의 시험 치기 전략을 사용한다.

시험 전에 시험 종류와 형식, 난이도 등을 고려하여 전략을 세운다. 어떤 유형의 문제가 나올지 예측하고, 각 문제 유형에 맞는 대응 전략을 준비한다. 공신들은 자신의 학습 방식과 효과를 분석하고 평가하는 능력인 메타인지를 강화하여 자신의 강점과 약점을 파악한다. 그에 따라 자기 스타일의 개인화된 시험 치기 전략을 수립하고 자신에게 가장 효과적인 방법으로 시험 준비를 진행한다.

둘째, 집중 및 몰입의 상태를 유지한다.

공신들은 "나는 이 문제를 해결할 수 있다."는 긍정적인 자기 대화를 통해 자신에게 자신감을 부여하고 긍정적인 마음가짐을 유지한다. 깊고 집중된 호흡을 통해 긴장을 풀고, 심신을 안정시

커 문제나 과제에만 주의를 집중하고, 마음을 집중하여 최적의 문제 풀이 상태인 몰입의 상태를 유지하는 것에 힘쓴다.

셋째, 깊이 있는 이해와 문제풀이를 병행한다.

시험 범위 내의 핵심 개념을 파악하고 이를 완전히 이해한다. 개념을 단순히 외우는 것이 아니라 그 배경과 의미를 파악하여 깊이 있는 이해를 하는 것이다. 또한 시험 범위에 관련된 다양한 자료를 찾아서 조사하고 공부한다. 교재뿐만 아니라 참고 자료, 온라인 강의 등을 활용하여 다양한 관점에서 이해를 높인다. 시험에 나올 수 있는 다양한 문제나 상황에 대해 논리적인 분석을 수행하고, 문제를 해결하는 데 필요한 방법을 찾는다. 시험과 유사한 모의고사를 풀어보면서 자신의 이해도와 실력을 평가한다. 모의고사에서 나온 문제들을 분석하고, 실수한 부분이나 약점을 파악하여 보완한다.

넷째, 인지 부하를 최소화한다.

인지 부하 최소화란, 학습이나 시험 공부 중에 발생하는 불필요한 인지적인 부담이나 혼란을 줄이는 것을 뜻한다. 시험 준비할 때 너무 많은 정보나 자극이 주어지면, 우리의 뇌는 그 정보들을 처리하고 이해하는 데 어려움을 겪을 수 있다. 이러한 상황에서는 효율적인 시험 치기는 어렵다. 인지 부하 최소화를 위해서는 몇 가지 방법을 적용할 수 있다. 먼저 복잡한 학습 내용을 정리하고 간소화하여 핵심적인 내용에 집중하여 시험 공부를 한다. 불필요한 세부 사항은 제거하고 중요한 내용에 초점을 맞춘다. 다음은 주의를 기울일 대상에 대해 명확하게 정해두고, 다른 것들은 잠시 배제한다. 일정한 리듬과 흐름을 유지하여 시험 준비를 진행한다. 일정한 패턴을 유지하면 뇌가 작업을 예측하고 처리하기 쉬워진다.

다섯째, 시험 후 분석과 피드백을 한다.

시험 후에 자신의 성적과 답안을 자세히 분석하고, 어떤 문제에서 어떤 부분을 잘했는지, 어떤 부분에서 어려움을 겪었는지를 파악한다. 이를 통해 자신의 강점과 약점을 알아내고, 앞으로의 공부 방향을 설정한다.

이러한 독특한 방법과 전략들은 공신들이 탁월한 학습 성과를 이루는 데에 큰 역할을 한다. 우리도 이들의 방법을 알고, 나에게 맞는 시험 전략을 세운다면 좋은 성과를 이룰 수 있다.

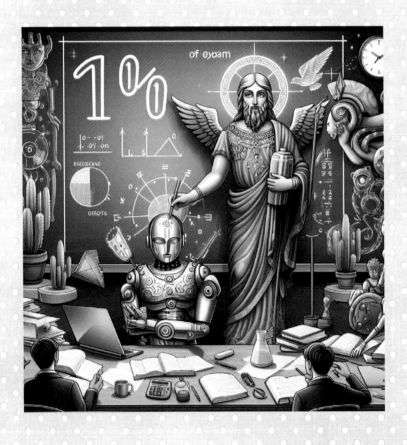

· ·

4장

학부모 편

내 아이를 우월적 존재로
만드는 부모 지도 전략 알기

01
공부를 위한 마음 소통은 이렇게 하라

중학생들에게 "공부할 때 부모님이 어떻게 도움을 주면 좋을까요?"라는 질문을 던졌다. 어떤 대답이 나왔는지, 여러분의 자녀는 어떻게 대답했을지 궁금하지 않은가? 그럼 내 자녀가 무엇을 원하는지 알아보고, 공부를 위한 마음 소통을 잘 할 수 있는 방법이 무엇인지 알아보자.

1학년	혼자 있는 시간을 준다, 적당한 격려, 칭찬, 조용히 있기, 지원 및 잔소리하지 않기, 모르는 문제 도움주기, 집중할 수 있게 내버려두기, 믿고 칭찬해 주기, 믿고 응원해 수기, 자라고 얘기하지 말고 말 걸지 않아 방해하지 않기, 자기 수도적으로 공부할 수 있도록 하기, 방해하지 않기, 모르는 문제 설명해 주기, 먹을 것 주러 올 때 방에 노크하기 들어오기, 칭찬, 방해하지 않기, 시험 전 퀴즈 내주거나 칭찬 많이 해 주기, 맛있는 간식 주기, 너무 많은 걸 바라지 말고 비교 그만하고 짜증 나게 잔소리 그만하고 시험 잘 보면 내가 사고 싶은 거 사게 해 주기, 나에게 맞는 문제집 사주기, 내 약점 알려주고 관련 문제 풀라고 주기, 열심히 응원해 주기, 제대로 공부했는지 암기 확인, 학원 보내주기, 어려운 내용을 같이 봐주고 문제 풀 때는 말 시키지 말기, 잔소리 금지, 제발 조용히.
2학년	정신적으로 지지를 해 주고 공감해 주는 말을 하면 도움이 될 것 같다. 정서적으로 많이 얘기해 주고 꿈에 대한 상담과 미래에 무엇을 할 건지 물어봐 주면 좋겠다. 잔소리를 조금만 줄여주면 스트레스가 조금 줄어들 것 같다. 참고서, 사이트 사용 도와주기, 학습지 프린트, 나의 성과를 칭찬해 주는 것, 그냥 나를 믿어주기, 믿음, 학원투자, 스카 및 도서관 돈 주기, 냅두기, 금전적인 지원이 필수, 공부하다 잘 안 풀리거나 기분이 안 좋아지면 부모님에게 하소연하는 것 들어주기, 옆에서 지지해 주는 것, 조용히 있으면 좋고 용돈 주기, 그냥 좀 두기, 생각을 정리하는 방법, 응원과 격려, TV 소리 줄이기 및 말 안 걸기, 공부 환경(조용하고 방해되는 요소 다 없앤 방) 잘 만들어 주기, 환경조성, 학원 등 많은 지원을 해 주시고, 조용하고 좋은 환경을 제공, 공부에 집중할 수 있도록 해 주는 것, 아무것도 안 해 주어도 됨, 동기 부여의 말 건네기, 모르는 문제 대답해 주는 것, 잔소리 최소한으로 줄이기, 조용히 해 주세요! 그냥 가만히만 있으면 좋겠다, 공부 간섭이 싫다. 응원만 해줬으면, 맛있는 간식, 자녀의 공부 방식과 루틴을 존중하고 믿어주는 것, 갖은 간섭을 자제하는 것, 규칙적인 공부 패턴을 유지하도록 도와주고 건강을 위한 식단 준비, 공부에 어려움을 겪을 때 부모님의 위로와 격려가 큰 힘이 됨, 자녀가 필요로 할 때만 도와주세요, 상급학교 진학 정보 및 필요한 공부, 준비 등에 대해 알고 계시면 도움이 됨, 응원 및 지지해 주고 부족한 부분(집중, 정도 등)을 말해 주기, 남과 비교하기보다 잘하는 점 칭찬하고 부족한 점은 개선 방안을 제시해 주어 올바른 방향으로 공부하고 성장할 수 있도록 돕기, 자식을 믿고 응원, 축하, 위로해 주시는 게 공부에 대한 자식의 인식과 정서를 지켜줌, 공부하라고 스트레스 주지 않기 및 공부하고 있으면 칭찬하기, 칭찬, 문제집 및 학원, 무작정 간섭하기보다 자식을 믿고 자기주도학습을 장려, 게임을 즐겨하는데 시험이 다가오면 핸드폰·컴퓨터 사용 시간을 제한하는 것을 도와주기

공부 잘하는 레시피

나에 대한 믿음을 보여 주시고 미래에 대한 고민을 같이해줌, 무관심, 공부하며 느낀 감정들을 표출할 수 있도록 다가가 주고 이를 바탕으로 미성숙한 점과 부족한 경험을 보완해 주기, 격려해 주기, 긍정적인 말해 주기, 응원과 격려, 과도한 잔소리 하지 않기, 아이의 특성에 따라 적극적으로 돕거나 방임함, 잘하고 있다고 확신을 주었으면 좋겠음, 공부 방해 않기, 공부할 시간을 알려주심, 자습서 등을 사주고 편하게 쉴 수 있게 압박을 주지 않는 것, 직접 가르쳐주신다, 참견하지 않고 감정이 예민해도 봐주기, 서포트 해 주기, 적당한 관심과 동기 부여 해 주기, 자녀가 원하는 것 도와주기, 체력 관리 해 주기, 차로 픽업, 건들지 않기

이제 내 아이와 공부를 위한 마음 소통을 어떤 식으로 해야 할지 알겠는가? 아이들이 부모님들에게 무엇을 원하는지를 알면 아이와 원활하게 소통을 이어 나갈 수 있다.

부모로서 아이와의 공부를 위한 마음 소통은 매우 중요하다. 아래는 부모와 아이 간의 공부를 위한 효과적인 소통 방법 7가지를 소개한다.

첫째, 아이와의 열린 대화이다.

아이와 자주 대화하고, 그들의 학습 상황과 공부에 대한 의견을 듣는 것이 중요하다. 아이가 공부에 대해 무엇을 생각하고 있는지 이해하고, 그들의 의견을 존중하는 것이 필요하다. 일주일 간격으로 시간을 정하여 대화의 시간을 갖는다. 온 가족이 함께 모여 저녁 식사를 함께하는 시간을 일주일에 몇 번, 요일을 정하여 규칙적으로 소통하고 함께하는 시간으로 아이가 원하는 것이

무엇인지를 파악하여 도와준다.

둘째, '꿈과 목표'를 갖게 해 준다.

아이가 무엇을 잘하는지, 좋아하는지에 대한 성향을 파악하는 것이 중요하다. 또한 아이에게 다양한 활동을 유도해서 예술·스포츠·음악·과학 등 다양한 분야의 활동을 경험하게 하여 관심사를 발견할 수 있다. 꿈과 목표가 생기면 공부하란 소리를 안 해도 자녀는 꿈과 목표를 위해 공부하고 노력할 것이다.

셋째, '공부는 왜 해야 하는가?'에 대해 설명해 준다.

부모로 자녀가 '공부는 왜 해야 하는가?'에 대한 신념을 가질 수 있게 이유를 설명하고, 납득시킬 수 있는 이론적인 근거와 마음에 닿은 논리를 가져야 한다. 이러한 설명을 돕기 위해 다음과 같이 설명을 해 보았다.

---

1. 미래를 위한 투자이다.

공부는 자녀들의 미래에 대한 투자라고 설명해 보자. 공부를 잘하면 좋은 대학에 진학할 수 있고, 좋은 직업을 얻을 수 있다. 이를테면, 원하는 직업을 가지고 안정적인 삶을 영위할 수 있게 될 것이다.

2. 자기 신뢰와 성취감이다.

공부를 통해 새로운 지식과 기술을 습득하고 성취감을 느낄 수 있다고 설명해 보자. 어려운 문제를 해결하거나 새로운 능력을 터득하는 것은 자신감을 키우고 성취감을 얻게 한다.

---

3. 사회적 성장이다.

공부는 자녀들이 사회에서 더 나은 역할을 하고 더 많은 기회를 가질 수 있도록 도와준다. 지식을 통해 사회적으로 더 나은 사람이 되어 다른 사람들에게 도움을 줄 수 있게 된다.

4. 꿈과 목표 달성한다.

공부를 통해 자녀들이 자신의 꿈과 목표를 이룰 수 있도록 도와줄 수 있다고 설명해 보자. 공부는 꿈을 향한 여정에서 필요한 도구이며, 그 꿈을 이루기 위한 첫걸음이다.

5. 자기 계발과 행복이다.

공부는 자녀들의 자기 계발과 행복에도 도움이 된다. 새로운 지식을 습득하고 자신의 재능을 계발하는 것은 삶에 대한 보다 깊은 이해와 만족감을 줄 수 있다.

이외에도 '공부는 왜 하는가?'에 대한 이견은 많다. "왜 미적분을 공부해야 해? 인문계에 진학하면 그런 거 배워도 소용이 없잖아!" 자녀가 그렇게 묻는다면 어떻게 대답할까? 화학식을 외우고 역사 연표를 암기하는 데에 무슨 의미가 있는지 아이에게 어떻게 설명해야 할까?

『공부는 왜 하는가?』의 책을 쓴 스즈키 코지는 "공부는 이해라는 인풋과 표현이라는 아웃풋, 그 사이를 이어주는 상상력, 이 세 가지의 힘을 기르는 훈련이다. 왜 공부가 중요한지, 아이들이 완벽하게 이해할 수 있게 말로 잘 설명해 주어야 한다."고 말했다. 스즈키 코지의 말에 의하면 학교에서 공부하는 이유는 '이해력', '표현력', '상상력'을 배우기 위한 것이다. 예를 들어, 국사라는 과목은 어떤 능력을 키워주기 위해 배운다. 이때 어떤 능력이란 이해력, 표현력, 상상력이다. 국사를 공부하다 보면 임진왜란이 나온다. 임진왜란과 관련된 교과서나 관련된 책들 속의 내용을 읽는다. 임진왜란이 일어난 이유, 이순신 장군의 한산도 앞바다에서 학이 날개를 펼친 듯한 모양으로 적을 둘러싸 공격하는 학익진 전술, 나라를 구하기 위한 의병들의 용감한 모습을 머릿속에 그려보게 된다. 수업 시간에 그와 관련된 조별 토론이나 발표를 한다. 이것이 바로 이해력이며 표현력의 과정을 배우는 것이다. 다음으로 자신이 겪은 경험이나 새롭게 얻은 지식 등을 덧붙여서 '나라면 어떻게 했을까?'라는 생각을 통해 상상력이 길러진다. 국사를 공부하며 연대기별 일어난 다양한 사건을 배우며 이해력·표현력·상상력을 배우는 것이다.

공부는 왜 하는가? 에 대해 부모가 설명을 명확하게 한다고 해도 아이가 그걸 받아들이지 않으면 공부 성과가 기대만큼 나오지 않을 것이다. 가장 중요한 것은 아이에게 '목표'가 있는 것이라고 생각된다. 되고 싶고, 하고 싶은 '목표'가 생기면 하지 말라고 해도 공부한다. 그 공부가 꼭 교재는 아니고, 기술이라도 공부이다. 또한 공부 방법(How To Study)에 대해서도 알아야 한다. 무조건 책만 본다고 학습 효과가 높아지지는 않는다. 그래서 공부 방법도 매우 중요하다. 미래에 아니 지금 다가오고 있는 제4차 산업 혁명은 많은 것들을 변화시킬 것이다. 자율주행차, 로봇, 블록체인, 클라우드, 메타버스 등 이해도 안 되는 용어들을 알아야 하

공부 잘하는 레시피

고, 우리 아이들도 대비해야 한다. 빠르게 변화하는 기술혁명 속에서 우리 아이들이 하고 싶고, 되고 싶은 목표를 찾아주는 것이 급선무가 아닐까 잠시 생각해 본다.

넷째, 자아의식이 형성되도록 돕는다.

아이의 자아의식을 돕기 위해 자신의 강점과 관심사를 탐구할 수 있는 활동을 제공해 준다. 예를 들어, 아이가 다양한 경험을 통해 자신의 능력과 흥미를 발견할 수 있도록 환경을 제공하거나, 긍정적인 피드백을 통해 자신의 장점을 강조해 준다. 또한 스스로를 존중하고 긍정적인 자아 이미지를 만드는 것도 중요하다. 아이의 장점을 강조하고 실수와 부족함에 대해 자책하지 않게 지지해 준다.

다섯째, 함께 공부하는 활동을 계획한다.

부모와 자녀 간에 학습 일정을 정하고, 함께 공부하는 시간을 정하는 것이 도움이 된다. 아이가 공부하는 동안 부모도 책을 읽거나 하고 싶은 공부를 하여 학습 분위기를 만든다. 또한 함께 문제를 해결하거나 공부하는 것은 자녀와의 유대감을 강화하고 신뢰가 쌓여 서로에 대한 이해와 협력으로 소통을 하게 된다. 사춘기인 자녀일수록 부모와 대화를 안 하려고 하는 경향이 심한데, 이를 미연에 예방할 수 있는 좋은 방법이다.

이스라엘에선 초등학교에 입학하면 교사가 꿀로 알파벳을 써 아이들에게 핥게 한다. 배우는 게 재미있다고 몸으로 느끼게 해 주는 것이다. 학교에 등교한 학생들이 가장 먼저 하는 일은 도서 관에서 그날 읽을 책 3권을 대출하는 것인데, 학기 말이면 독서 카드를 부모에게 전달한다. 부모는 아이가 어떤 분야에 흥미를 갖고 있는지 알 수 있다. 함께 공부하며 끊임없는 대화는 가장 독특한 교육법이다. 식사 때는 물론이고 부모와 자녀의 토론이 일상화돼 있다.

여섯째, 관심을 갖고 격려를 한다.

아이가 공부할 때 노력을 인정하고 격려하는 것이 중요하다. 칭찬은 고래도 춤춘다고 했다. 아이에게 관심을 갖고 노력을 칭찬하고, 성취에 대해 긍정적인 피드백을 제공해 주는 것이 자신감을 갖게 만드는 요인이다. 최재붕 님의 『포노사피엔스코드 CHANGE 9』에 보면 사이코사이버네틱스라는 단어가 나온다. '정신적인 자동유도장치'라는 뜻으로, 미국의 맥스웰 몰츠라는 의사가 만든 단어라고 한다. 인간의 뇌는 미사일의 자동유도장치와 같다. 자신이 목표를 정해 주면 그 목표를 향해 자동으로 자신의 행동을 유도해 나간다는 것이 사이코사이버네틱스의 뜻이다. 따라서 자신의 잠재의식에 멋진 미래, 성공한 모습을 상상력을 통해 입력하면 그러한 미래를 향해 나의 행동이 자동으로 유도된다는 주장이다. 인간의 잠재의식은 상상과 실제를 잘 구별하지 못하기 때문에, '나는 이렇게 멋진 사람이야'라고 상상하면서 뇌 속에 지속해서 주입하면, 실제로 그렇게 알고 '멋지게 행동' 한다는 이론이다. '나는 멋지다'고 생각하면 정말 멋지게 행동하게 되고, '나는 못났다'고 생각하면 정말 스스로 못난 사람처럼 행동하고 반응하게 된다는 이론은 많은 실험을 통해 여러 차례 밝혀졌다. 따라서 자녀의 뇌에 자신감이 생길 수 있도록 관심과 격려, 칭찬을 많이 해 주어야 한다.

일곱째, 존중과 이해를 한다.

부모는 아이의 공부 방식과 학습 성향을 존중하고 이해하는 것이 중요하다. 강압으로 인한 공부는 오래가지 못하고 오히려 학생들에게 큰 부담을 주어서 역효과를 가져올 수 있다. 아이가 효과적으로 학습하기 위해서는 자신만의 공부 방법과 시간이 필요하며, 이에 대해 부모는 이해하고 지원해 주어야 한다.

이러한 7가지 방법들을 통해 부모와 아이 간의 공부를 위한 마음 소통을 강화할 수 있다. 부모는 자녀의 학습을 지원하고 도와주는 역할을 맡으면서도, 그들의 독립성과 자신감을 존중하고 증진시켜 나가야 한다.

우리 아이들이 살아갈 시대는 미래 사회이다. 미래 사회 역량을 '4장 3. 미래가 원하는 인재상! 내 아이 어떻게 준비시킬까?'에서 알아볼 것이다. 미래 역량 중 가장 중요한 것이 '더불어 함께

지내기'이다. 즉 협력과 배려를 할 수 있는 능력이다. 뇌에서 감성을 관장하는 변연계는 영·유아기부터 사춘기까지 발달하는데 부모의 언어와 태도가 자녀의 정서·지능과 이후 사회적 관계에 중요한 영향을 미친다. 부모의 언어 중에 '마음에 관련된 말'을 자주 접한 아이일수록 협력과 배려의 능력이 뛰어나다.

공부 잘하는 레시피

자녀와의 공감을 위한 대화법을 알아보고 실천해 보기

자녀와 공감을 위한 대화법은 자녀와의 관계를 강화하고, 자녀가 자신을 이해받고 있다고 느끼게 하여 정서적 안정감을 제공하는 데 매우 중요하다. 아래에 공감을 위한 대화법을 소개하니, 이를 실제로 실천할 수 있는 방법을 알아보고 실천해 보자.

1. 적극적 경청
자녀의 말을 끊지 않고 끝까지 들어준다.
고개를 끄덕이거나 "응", "그래" 등의 말로 반응을 보여 준다.
눈을 맞추고 자녀의 이야기에 집중한다.

2. 반영하기
자녀가 한 말을 반복하거나 요약하여 되돌려준다.
예: "네가 지금 속상하다고 말하는구나."

3. 공감 표현하기
자녀의 감정을 이해하고 있다는 것을 표현한다.
예: "네가 얼마나 힘들었을지 이해해.", "정말 속상했겠구나."

4. 감정 이름 붙이기
자녀의 감정을 명확히 해 주기 위해 감정에 이름을 붙여준다.
예: "네가 화가 난 것 같아.", "지금 슬퍼 보이는구나."

5. 열린 질문 사용하기
자녀가 자신의 생각과 감정을 더 많이 표현할 수 있도록 돕는 질문을 한다.

예: "그때 어떤 기분이었니?", "어떻게 하면 좋을까?"

6. 문제 해결 도와주기

자녀가 스스로 해결책을 찾도록 돕는다.

예: "다음에는 어떻게 하면 좋을까?", "이 문제를 해결하기 위해 우리가 함께 할 수 있는 일이 뭐가 있을까?"

7. 긍정적인 강화

자녀가 노력하거나 좋은 행동을 했을 때 칭찬하고 격려한다.

예: "네가 그 상황에서 참 잘 대처했구나.", "노력한 점이 정말 자랑스러워."

공부 잘하는 레시피

02
내 아이를 공부 잘하게 만드는 전략은 이렇게 짜라

> "지식은 달콤하다."
>
> — 유대인의 격언
>
> 유대인들이 알파벳에 꿀을 발라서 아이들이 공부를 좋아하게 했다는 이야기는 유대인의 교육 전통에서 유래한 것으로, 공부의 달콤함을 상징적으로 표현

　현재 우리가 살아가는 사회는 경쟁사회이다. 경쟁의 공정성에 대해서는 보는 시각에 따라 너무나 다양하다. 공정성은 차치하고, 내 아이가 경쟁사회에서 뒤떨어져 살기를 바라는 부모는 거의 없다. 그럼 내 아이가 공부에서 성공하여 자기의 적성과 희망에 따라 살려면 '부모로서 무엇을 해야 할까?' 나도 부모가 되어 아이를 키우면서 늘 걱정이 많았다. 교사로 직업을 가졌음에도 불구하고 내 아이가 이제 성인이 된 시점에서 돌아보면 공부와 관련하여 시행착오도 많았고, 내 아이에게 '그때 이렇게 해 줄걸'이란 후회도 된다. 그때의 후회를 담아 이 내용들을 체계적으로 정리하고 있는 것이다. 사실은 무조건 책상에 앉는다고 공부는

아니다. 왜냐하면 공부는 기술이고 요령이다. 똑같은 시간을 여러 명에게 주어 공부를 시키더라도 성과는 모두 다르다. 물론 개인적인 능력도 무시할 수 없지만, 공부 요령을 알아서 잘하느냐, 그냥 하느냐는 성과가 다르다. 그래서 내 아이가 공부에서 성공하고 잘 성장하기를 원하는 부모가 되기 위한 다양한 전략과 접근 방식을 배워야 한다.

공부 방법 알려주기와 지원하기

기본적으로 내 아이에게 '공부를 하고 싶다'는 의지를 심어주고, '공부 방법'을 가르쳐 주기 위한 자세를 갖추어야 한다. 부모가 집에서 해야 할 중요한 일은 내 아이에게 공부 방법을 익히도록 도와주는 것이다. 공부는 무조건 하는 것이 아니다. 공부하는 기술이 필요하다. 따라서 효과적으로 공부하는 방법을 가르쳐 주어야 할 책임이 있으며 부모로서 시간을 투자하며 노력해야 한다. '1장. 쉿! 공부하는 비밀스런 방법 알기'를 참조하면 내 아이에게 효율적인 공부 방법을 알려줄 수 있다. 그중에서 반드시 필요한 것은 미래를 살아갈 내 아이에게 공부하는 방법 중 자기주도학습 방법을 알도록 가르쳐 주어야 한다. 자기주도학습은 의타적인 한국 교육의 패러다임을 바꿀 수 있는 교육 접근 방법이며, 창의성과 통융합 능력을 갖춘 인재 육성을 지향하는 미래 교육의 목표이다. 따라서 부모는 아이들이 미래 사회에서 자신에게 주어진 문제를 스스로 판단하고 해결해 나갈 수 있는 자기주도학습 능력을 길러줘야 한다. 이를 위해 먼저 아이의 자율성을 존중해야 한다. 아이들이 자신의 관심사와 목표를 설정하고 학습 방법을 선택할 수 있도록 허용해야 하는 것이다. 또한 아이들에게 자기학습에 대한 결정권을 주어야 한다. 예를 들어, 학습 주제나 자료를 선택하거나 공부하는 시간과 방법을 스스로 결정하도록 허용해야 한다. 자기주도학습을 돕기 위해서 부모는 조용하고 편안한 공간을 마련하고 필요한 자료와 도구를 제공하여 아이들이 스스로 학습할 수 있는 환경을 만들어야 한다. 아이들이 자신의 학습을 성찰하고 평가할 수 있도록 도와준다. 학습 과정에서 발생하는 문제나 어려움에 대해 함께 고민하고 해결책을 찾아가는 과정에서 지속적으로 피드백을 제공해야 한다. 마지막으로 부모는 아이들에게 자기주도학습을 위한 기본적인 스킬을 가르쳐준다. 예를 들어, 목표 설정, 계획 수립, 시간 관리, 문제 해결 및 자기평가 등의 스킬을 함께 연습하고 익히도록 도와주어야 한다.

부모들이 자기주도학습을 알려주고 도와주지만 명심해야 하는 것은 자녀가 학교 교육 내용에 충실할 수 있도록 지도해야 한다는 점이다. 학교 교육과정은 학생의 발달 단계에 따라 해당 시기에 익혀야 하는 과업들로 구성되어 있다. 따라서 부모는 교사와 서로 협력하여 학교 교육과정에 중심을 두고 특정 시기에 습득해야 하는 교육 내용들을 잘 학습할 수 있도록 해야 한다. 그리고 부모가 꼭 유념해야 할 점은 학습의 주도권이 부모에게서 점진적으로 자녀에게 넘어가야 한다는 것이다. 부모의 개입은 초반에만 이루어지는 것이 바람직하며, 지나치게 깊숙이 개입하는 것은 오히려 부작용을 낳을 수 있다는 점을 명심하자.

내 아이를 자기주도학습자로 키워내기 위해서 또 필요한 것이 있다. 내 아이의 기 살리는 방법이다. 기죽이는 말을 기 살리는 말로 바꾸어 내 아이에게 표현해 보자.

〈자녀의 기 살리는 말 VS 자녀의 기 죽이는 말〉

칭찬과 격려	부정적인 비교
"잘했어! 정말 열심히 했구나!" "너의 노력이 정말 대단해. 자랑스러워." "항상 최선을 다하는 모습이 정말 멋져."	"네 친구는 잘하는데 너는 왜 그래?" "다른 아이들은 이걸 다 아는데 넌 왜 못하니?" "형(동생)은 잘하는데 넌 왜 못하니?"
긍정적인 피드백	**무시와 비난**
"이번엔 조금 아쉬웠지만 다음엔 더 잘할 수 있을 거야." "이 부분은 잘했는데, 여기를 조금 더 보완하면 완벽할 거야." "실패해도 괜찮아. 중요한 건 네가 배우고 성장하는 거야."	"그게 최선이야?" "정말 실망스러워." "그렇게 해서 뭐가 되겠니?"
자율성 존중	**과도한 압박**
"네가 스스로 결정한 것에 대해 존중해." "어떻게 생각하니? 네 의견을 듣고 싶어." "네가 선택한 길을 응원할게. 네가 옳다고 한 거 믿음대로 해 봐."	"이 점수로는 절대 안 돼. 더 잘해야 해." "너무 실망스럽다. 더 열심히 해야겠어." "너는 꼭 이걸 해야만 해."
애정과 관심 표현	**감정적인 압박**
"사랑해. 너는 정말 특별한 아이야." "항상 네 편이야. 어떤 일이 있어도 널 응원해." "네가 행복한 게 나에게도 가장 큰 기쁨이야."	"내가 너 때문에 얼마나 힘든지 알아?" "너 때문에 정말 화가 나." "넌 왜 항상 나를 실망시키니?"
긍정적인 믿음	**자율성 억압**
"넌 할 수 있어. 항상 믿고 있어." "네가 이루고 싶은 것을 이룰 수 있을 거라 고 확신해." "어려운 상황에서도 잘 해낼 거야."	"내가 말한 대로 해." "너는 내 말을 따라야 해." "네가 뭘 안다고 그래?"

모르는 것을 알았을 때의 기쁨, 작은 일에서 성공하여 얻는 성취감, 미래의 이루고 싶은 꿈과 목표 등의 내재적 동기를 가질 때 공부하고 싶은 마음이 지속될 수 있다. 부모의 잔소리가 싫어서, 공부를 안 하면 야단맞기 때문에, 공부를 하면 갖고 싶은 것을 사 주어서 등 외재적 동기는 어려움이 생기면 쉽게 공부를 포기해 버린다. 공부를 재미있는 것으로 여기고, 공부해야 하는 이유가 있을 때 내재적 동기는 지속되고 향상되어 공부를 한다.

그럼 내재적 동기를 갖기 위해 부모로서 무엇을 해야 하는가?

먼저 아이의 관심사를 파악하고 그에 맞는 학습 주제를 선택한다. 아이들이 자신의 관심사에 대해 배울 때 흥미를 느끼고 학습에 집중할 가능성이 높아진다. 그리고 아이들과 함께 공부할 목표를 설정하고 그 목표를 달성하기 위한 계획을 세운다. 목표는 현실적이고 구체적이어야 하며, 아이가 스스로 달성할 수 있는 수준의 난이도여야 한다. 목표를 달성하면 아이들의 노력과 성과를 긍정적으로 인정하고 칭찬한다. 자신감을 키우고 학습에 대한 긍정적인 자세를 유지할 수 있도록 격려한다. 또한 아이들에게 학습에 대한 자율성과 선택권을 부여한다. 아이의 관심사나 선호하는 학습 방법에 따라 학습을 진행할 수 있도록 해 준다. 아이들이 적절한 수준의 도전을 경험하고 그 도전을 성취할 때 느끼는 성취감은 학습 동기를 높일 수 있다. 적당한 난이도의 학습 활동을 제공하여 아이들이 성취감을 느낄 수 있도록 돕는다. 다음은 공부한 지식과 기술을 현실적인 상황에 적용할 수 있는 기회를 제공한다. 아이들이 자신의 학습이 현실 상황에서 어떻게 유용하게 활용될 수 있는지를 경험하면 학습에 대한 동기가 더욱 높아질 수 있다.

다음은 "공부를 잘하는 친구들에게 배울 만한 점은 무엇이 있는가?"를 중학생들에게 물었다. 솔직한 내용을 보면서 나의 자녀가 공부를 잘할 수 있는 전략을 체득하려면 어떻게 해야 하는지를 살펴보자.

1. 공부 계획을 체계적으로 세운다.

2. 공부 방법을 알고 꾸준히 공부한다.

3. 수업 시간에 집중을 잘하고 노트 필기를 꼼꼼하게 잘한다. 발표도 성실히
   하고 규칙적인 하루(생활 습관)를 보낸다.

4. 끊임없이 노력한다.

5. 끈기가 있고 성실하다.

6. 오랫동안 공부하고 집중력이 좋다. 오늘 계획한 일을 내일로 미루지 않는다.

7. 머리가 좋고 강한 정신력을 가지고 있다.

8. 시간을 낭비하지 않는다. 쉬는 시간, 점심시간 등을 이용해서 틈틈이 공부한다.

9. 암기하는 방법을 알고 학습 내용을 잘 정리하는 법도 안다.

10. 자기주도학습을 한다.

11. 공부에 대한 '마음가짐'을 잘한다.

12. 책을 많이 읽는다.

13. 체계적으로 필기를 잘하고 하나의 문제라도 많은 시간을 투자해서 온전히
    자신의 것으로 만든다.

14. 모르는 문제는 선생님께 꼭 물어본다.

15. 공부를 미루지 않고 한다.

공부 습관 및 공부 태도 길러주기

공부 습관과 긍정적인 학습 태도를 길러주기 위해서는 부모가 먼저 모범을 보여야 한다. 부모가 공부하는 것을 중요하게 생각하고 책을 늘 가까이하는 모습을 보게 되면 내 아이는 자연스럽게 공부에 대한 긍정적인 태도를 갖게 된다. 내 아이에 대한 관심을 늘 가지면서 보여 주고 싶은 분야가 있으면 적극적으로 보여 주고 체험하는 기회를 제공한다. 아이가 호기심을 가지고 궁금증이 생기면 탐구하고 학습하는 과정을 함께 나눈다. 또한 목표를 설정하고 그것을 달성하기 위한 계획을 세우는 과정을 내 아이에게 보여 주고, 노력과 계획이 왜 필요한지를 설명하고 실천하는 모습을 보여 주도록 한다. 실천하는 모습을 통해 실패를 두려워하지 않고 도전하는 의지까지 보여 준다면 최상이다. 이러한 부모의 모범적인 행동은 내 아이가 학습에 대한 긍정적인 인식과 자세를 형성하는 데 큰 영향을 준다.

긍정적인 공부 습관을 길러주는 방법은 다양하다. 공부 습관을 학습 환경으로 보는 시각에서는 책상에 앉아 공부하는 태도를 관찰한다. 그리고 책상에서는 여러 가지 일들을 못 하게 하고, 오로지 공부하는 곳이라는 고정 관념과 규칙을 지키게 하는 것이다. 내 아이에게 무의식적인 습관을 만들어 놓으면 책상에서는 딴짓을 안 하고 공부만 하게 된다. 이것은 평생 책상과 공부를 일치시키는 습관으로 정착될 수 있다. 부모가 격려하기 위해 먹을 것을 가져다주는 일은 반드시 피해야 하고, 책상에서 다른 일을 할 일이 생기면 반드시 다른 곳으로 옮겨서 하는 주의를 기울여야 한다.

올바른 공부하는 태도를 갖추기 위한 방법은 다양하지만 가장 중요한 것이 첫째, 집중력을 기르는 것이다. 학교에서는 수업 시간에 선생님이 말씀하신 내용에 대해 집중하여 이해하고, 집에서는 자기주도학습을 하면서 딴생각을 하지 않고 공부할 내용에 전념하는 것이 중요하다. 부모가 지원해 줄 것은 먼저 집중력을 기르는 방법을 일러주고 함께 하는 것이다. 둘째, '공부를 왜 하는가?'에 대한 이유를 확실히 이해하고 목적의식을 분명히 갖도록 한다. 공부하는 이유를 대략적으로 정리해 보면 다음과 같다. 먼저 공부를 통해 새로운 지식을 습득하고 배우게 되어 세상을 더 잘 이해하고 삶의 문제를 해결하는 데 도움을 받을 수 있다. 공부를 통해 우리는 다양한 능력을 향상시킬 수 있다. 예를 들어, 읽기와 쓰기 능력, 수리 능력, 문제 해결 능력, 이해력, 표현력, 상상력 등을 키우게 된다. 셋째, 공부를 통해 진로를 결정하고 우리는 우리의 꿈을 향해 나아가고 성취할 기회를 찾게 된다. 자기 계발에 도움을 주어서 자기에게 맞는 새로운 관심사나 취미를 발견할 수 있다. 진로 결정을 하고 나면 동기가 생겨 더욱 공부하는 태도를 긍정적으로 가질 수 있을 것이다. 넷째, 공부를 통해 우리는 사회적인 문제에 대한 이해를 높이고, 사회적인 참여를 통해 세상을 더 나은 곳으로 만들 수 있다. 공부의 목적을 잘 아는 자녀는 올바른 공부 태도는 물론 스스로 알아서 공부하게 된다.

효과적인 공부 환경 만들기

내 아이를 위한 학습 환경을 조성하기 위해 집안에서는 공부에 대한 긍정적인 분위기를 유지한다. 공부를 장려하고 공부의 가치를 강조해야 한다. 부정적인 언어나 태도는 자제하고, 자녀의 노력과 성취를 칭찬하고 격려한다. 자녀의 공부 스타일에 적합한 공부 환경을 만들어 주기 위해 부모는 자녀의 공부 스타일이 어떤가를 알고 거기에 맞추어 주는 노력이 필요하다. 이를 위해 부모는 자녀와 상의하여 효과적인 공부 환경이 만들어지도록 배려해 주어야 한다. 다음은 효과적인 공부 환경을 만들기 위한 여건과 부모 확인 사항을 점검하고 체크하여 공부 스타일을 확인하고 그에 맞는 환경을 보살펴 주는 마음이 필요하다.

〈공부 환경 만들기 질문 리스트〉

공부 환경 여건		부모 확인
물리적 환경 조성	• 조용하고 편안한 공간 선택 - 공부할 때 소음이 적은 곳에서 하니? - 너에게 가장 편안한 의자와 책상은 어떤 것 같아? - 공부할 때 눈이 피로하지 않도록 적절한 조명을 사용하고 있니?	( ) ( ) ( )
	• 정리된 공간 유지 - 책상 위에 꼭 필요한 물건만 두고 있니? - 정기적으로 공부 공간을 정리하고 청소하고 있니?	( ) ( )
	• 적절한 온도와 환기 - 공부할 때 쾌적한 온도를 유지하고 있니? - 방을 자주 환기시켜 신선한 공기를 유지하고 있니?	( ) ( )
디지털 환경 조성	• 방해 요소 최소화 - 공부할 때 핸드폰을 무음으로 하거나 멀리 두고 있니? - 공부 중에 소셜 미디어 알림을 차단하고 있니? - 공부 시간 동안 인터넷 사용을 제한하고 필요한 자료만 사용하고 있니?	( ) ( ) ( )
	• 유용한 디지털 도구 활용 - 시간 관리와 학습을 위해 학습 앱을 사용하고 있니? (예: 타임 앱, 플래너 앱, 플래시 카드 앱 등) - 필요한 경우 온라인 강의나 교육 자료를 활용하고 있니?	( ) ( )
심리적 환경 조성	• 긍정적인 마음가짐 - 책상이나 공부 공간에 동기 부여 문구를 붙여 두고 있니? - 목표를 명확히 시각화하여 동기 부여를 강화하고 있니?	( ) ( )

심리적 환경 조성	• 스트레스 관리 - 공부 중간에 규칙적인 휴식을 취하고 있니? - 집중력이 떨어질 때 심호흡이나 간단한 명상을 통해 마음을 안정시키고 있니?	( ) ( )
학습 도구 환경 조성	• 필기도구 준비 - 편하게 사용할 수 있는 필기구를 준비하고 있니? - 공부에 필요한 노트와 책을 미리 준비하고 있니? • 참고 자료 활용 - 필요한 사전과 참고서를 가까운 곳에 두고 쉽게 찾을 수 있도록 하고 있니? - 신뢰할 수 있는 온라인 학습 자료를 활용하고 있니?	( ) ( ) ( ) ( )

공부 루틴
환경 조성
	• 일정 관리
	- 하루 공부 계획을 시간대별로 세우고 이를 엄격하
	  게 따르고 있니?
	- 중요한 과제와 어려운 과목을 우선적으로 공부하고
	  있니?
	
	• 반복 학습
	- 정기적으로 복습 시간을 정하여 학습 내용을 반복
	  하고 있니?
	- 시험 일정에 맞추어 계획적으로 준비하고 있니?
		( )
		
		( )
		
		( )
		
		( )

부모의 역할 중 또 하나 중요한 것이 있다. 다름이 아니라 내 아이의 자기관리 기술을 가르쳐 주는 것이다. 자기관리 기술을 향상시키는 것은 학업 성취와 개인적인 발전에 매우 중요하다. 넷 가지 효과적인 자기관리 기술은 다음과 같다.

1. 일정 관리

자녀들은 공부 일정을 세우고 계획을 만들어야 한다. 과제, 시험, 프로젝트 등의 기한을 명확히 하고 일정에 맞춰 진행할 수 있도록 한다.

2. 우선순위 설정

중요한 할 일과 부차적인 할 일을 구분하고 우선순위를 정한다. 자녀들이 중요한 일부터 처리하여 시간을 효율적으로 관리하도록 한다.

3. 시간 관리

시간을 효율적으로 사용하기 위해 시간을 관리하고 할 일에 적절한 시간을 나눈다. 시간을 분할하고 작은 단위로 나누어 할 일을 하도록 조언해 준다.

4. 자기 모니터링

자기의 공부 진행 상황을 모니터링하고 성과를 평가한다. 공부의 진행 상황을 주기적으로 확인하고 필요한 조정을 하도록 자녀와 대화한다.

5. 스트레스 관리

스트레스를 관리하고 신체적, 정신적으로 건강한 상태를 유지

한다. 스트레스 해소 방법을 찾고 적절한 휴식을 취하도록 도와
준다.

6. 스스로 동기 부여하기

목표를 설정하고 자신을 동기 부여하는 방법을 찾도록 격려
해 준다. 목표를 이루고 성취감을 느끼며 스스로의 성장을 확인
한다.

7. 충분한 휴식

충분한 휴식을 취함으로써 몸과 마음을 회복하고 재충전할 수
있다. 일정한 수면 패턴을 유지하고 매일 충분한 수면을 취하는
것이 중요하다. 휴식을 취하면 피로가 풀리고 집중력과 기억력
이 향상된다.

8. 올바른 식습관

올바른 식습관은 영양소를 균형 있게 섭취하여 신체의 에너지
수준을 유지하는 데 도움을 준다. 균형 잡힌 식사를 통해 에너지
를 지속적으로 공급받고 몸과 두뇌를 건강하게 유지할 수 있다.
과일, 채소, 단백질, 건강한 지방 등의 다양한 식품을 포함하는
다양한 식단을 준비해 준다. 청소년기는 발육이 가장 왕성한 시
기로 영양 공급이 매우 중요하다. 자녀의 건강을 위해 어머니들
은 식단, 간식 등에 신경을 많이 쓴다. 그러나 아침을 먹지 않는

아이들이 많아지고 있다. 학교에서 급식 먹는 시간이 보통 12시 30분이라고 하면 10시쯤이면 배가 고파진다. 매점이 있는 학교라면 빵을 사 먹을 수 있고, 매점이 없으면 사 먹을 수 없다. 다만 이 시간에 빵을 먹으면 급식이 맛이 없고, 점심도 제대로 먹지 않고 잔반을 많이 남기게 된다. 오후에 하교하면서 배고파서 인스턴트식품을 사 먹게 되고, 건강식 식단과는 멀어지게 되는 경우가 흔하게 볼 수 있는 사례이다. 또한 하교 후 학원으로 가는 학생의 경우 저녁을 편의점 도시락을 사 먹거나 피자, 햄버거, 라면 등 인스턴트식품들로 쉽게 배고픔을 채울 수 있지만 나트륨, 포화지방 등이 많아서 아동기, 청소년기에 건강에 좋을 리가 없다. 이유는 빨리 먹고 저녁 이후 학원 수업 시간을 맞추어야 하기 때문이다. 편의점 도시락이 제대로 된 영양식이면 모를까 인스턴트식품이 많이 섞여 있으면 제대로 영양 공급이 될 리가 없다. 늦은 밤에 와서 집에서 밥을 먹는 것도 위에 무리를 주기 때문에 좋지 않다. 무엇이 중요한지를 생각해 볼 필요가 있다. 자녀의 건강한 몸을 만들고 유지하기 위한 아침 식사를 포함한 하루 세끼의 규칙적인 식사는 최고의 보약이 될 수 있다.

시험 준비 함께하기

학교를 다니는 자녀는 학교에서 정기고사(중간, 기말) 및 수행 평가 등 온갖 시험을 치르게 된다. 이러한 평가는 자녀가 학습 목표를 달성하여 공부를 잘했는지, 잘 못했는지에 대한 성취 결과를 제공한다. 학습 과정에서 어떤 부분이 부족하고, 어떤 부분을 놓치고 있는지에 대한 정보를 제공하여 학습 과정 전반에 대한 점검을 가능하게 한다. 따라서 부모는 시험을 통해 자녀가 자신의 노력 결과를 받아들이고, 반성을 통해 긍정적으로 시험에 대한 검토 과정으로 삼을 수 있도록 지도해야 한다. 모든 것은 시험 준비에 달려 있다.

자녀들은 시험을 준비하는 방법을 배워야 한다. 그 준비가 대부분 가정에서 이루어지기 때문에 자녀와 함께 연습할 필요가 있다.

부모의 효과적인 시험 준비 지도 방법을 소개해 본다.

첫째, 부모는 자녀가 시험 공부 계획을 수립하는 과정에 관심을 갖는다.

시험 기간 및 시험 범위를 학사력이나 가정통신문, 학교 홈페이지 등을 통해 확인한다. 확인 후 시험 공부 계획을 짤 때 부모가 무리하게 간섭하기보다 스스로 시험 공부 계획표를 작성할 수 있게 하고, 실천하는 데 무리가 있어 보이는 것과 주요 과목과 이외 과목에 대한 안배 등에 조언을 해 준다.

둘째, 공부 일정 관리 및 시간 분배하도록 도와준다.

시험까지의 기간을 고려하여 공부 일정을 조정하고, 방과 후 시간을 분배하여 공부할 수 있도록 지도한다. 자녀가 급한 나머지 짧은 기간의 벼락치기 공부를 할 경우가 있는데, 처음에는 시험 점수가 높아질 수 있으나 장기적인 효과는 없다. 공부 습관을 만드는데도 역효과이다. 하루에 15~20분 정도 부모가 자녀의 공부에 관한 질문을 받거나 조용히 함께하는 공부를 하는 것도 자녀의 신뢰를 받을 수 있어서 좋다. 그만큼 나의 부모가 나에게 관심을 가져준다는 사실만으로 힘을 얻는다. 다만, 반드시 지켜야 할 일은 잔소리 금지이다.

셋째, 시험 공부하는 방법을 가르쳐 준다.

우선 교과서를 기본으로 공부하고 노트 필기한 것을 살펴보며, 수업 시간에 선생님이 강조한 내용과 유인물을 중심으로 암기하게 한다. 참고서나 문제집 등도 풀게 한다. 학교에서 구할 수 있는 기출문제도 구해서 풀면 선생님들의 시험 경향이나 주요 요점노 알 수 있다. 암기하는 방법은 키워드 기억법, 청킹, 마인드맵 등을 1장 3꼭지에서 소개했다.

넷째, 실수를 줄이고 시험 득점력을 키우는 방법을 알려준다.

시험을 보고 온 뒤 "시험 잘 봤니?" "이번 중간고사는 어떻게 했니?"라고 물으면, "아휴! 아는 것이었는데 알고도 틀렸어요. 잠시 잘못 생각했나 봐요." 아님 "실수했어요. 몰라요." 등의 대답을 종종 듣는다. 사실은 단순 실수를 제외하고 정확히 알지 못하기 때문에 실수하는 것이다. 이해를 온전히 못 하고 대충 이해하고 안다고 착각하거나, '이 부분은 안 나오겠지?' 하고 대충 넘어간 문제들이 출제될 경우 실수를 하게 된다. 따라서 실수를 줄이기 위해 공부할 부분에 대한 이해를 좀 더 충실하게 하고, 스스로의 약점을 파악하게 한다.

시험 득점력을 키우는 방법은 실수할 가능성이 있는 약점을 찾아 분석하고 보충하는 것이다. 같은 유형의 시험 문제를 반복적으로 틀릴 경우는 약점이라고 볼 수 있다. '문제를 풀 때 왜 잘못 파악하게 되었는지?'에 대한 정확한 판단이 필요하고, 같은 유형의 문제 분석 후 보충 공부를 해야 한다. 공부를 많이 했음에도 불구하고 시험 문제의 답이 틀렸다면 고민을 해 보아야 한다. 어떤 부분의 이해를 잘못했는지, 공부 방법이 잘못되었는지, 요점과 시험 경향을 잘못 알았는지 등을 스스로 분석해 꼼꼼하게 되돌아보게 해야 한다.

시험 득점력을 키우기 위한 체크 리스트를 문항 형태로 만들어 보았다. 이 체크 리스트를 통해 준비 상황을 점검하고 필요한 부분을 보완할 수 있다.

♦ 시험 득점력 체크리스트 ♦

1. 학습 계획

• 학습 계획 수립
- 목표 점수를 설정했나요?   □ 예   □ 아니오
- 매일의 학습 계획표를 작성했나요?   □ 예   □ 아니오
- 중요한 주제와 약한 부분의 우선순위를 설정했나요?   □ 예   □ 아니오

• 자료 준비
- 교과서와 필기 노트를 정리했나요?   □ 예   □ 아니오
- 추가 참고서와 문제집을 준비했나요?   □ 예   □ 아니오
- 온라인 학습 자료를 활용하고 있나요?   □ 예   □ 아니오

• 시간 관리
- 정기적인 복습 시간을 포함시켰나요?   □ 예   □ 아니오
- 모의 시험을 통해 실전 연습을 했나요?   □ 예   □ 아니오
- 휴식 시간을 적절히 배분했나요?   □ 예   □ 아니오

2. 학습 방법

• 이해 중심 학습
- 핵심 개념과 원리를 이해했나요?   □ 예   □ 아니오
- 요약 노트를 작성했나요?   □ 예   □ 아니오

공부 잘하는 레시피

- 문제 풀이 연습
- 기출문제 및 예상 문제를 풀어봤나요?　　　□ 예　　□ 아니오
- 다양한 문제 유형에 익숙해졌나요?　　　　□ 예　　□ 아니오
- 시간 제한을 두고 문제를 풀어봤나요?　　　□ 예　　□ 아니오

- 오답 노트 작성
- 틀린 문제를 분석하고 정리했나요?　　　　□ 예　　□ 아니오
- 왜 틀렸는지, 어떻게 맞춰야 하는지 기록했나요?　□ 예　　□ 아니오

- 반복 학습
- 중요한 내용을 반복 학습했나요?　　　　　□ 예　　□ 아니오
- 주기적으로 복습하여 기억을 강화했나요?　　□ 예　　□ 아니오

3. 시험 전 준비

- 건강 관리
- 충분한 수면을 취했나요?　　　　　　　　□ 예　　□ 아니오
- 규칙적인 운동을 하고 있나요?　　　　　　□ 예　　□ 아니오
- 균형 잡힌 식사를 하고 있나요?　　　　　　□ 예　　□ 아니오

- 마지막 점검
- 준비물을 확인했나요? (필기구 등)　　　　□ 예　　□ 아니오
- 간단한 핵심 내용을 복습했나요?　　　　　□ 예　　□ 아니오
- 긍정적인 마음가짐을 유지하고 있나요?　　□ 예　　□ 아니오

4. 시험 당일 전략

- 시험 시간 관리

- 시험 시작 전에 전체 문제를 훑어봤나요? □ 예 □ 아니오
- 문제별 시간 배분 계획을 세웠나요? □ 예 □ 아니오
- 쉬운 문제부터 풀기 시작했나요? □ 예 □ 아니오

- 문제 풀이 요령
- 문제를 꼼꼼히 읽고 요구사항을 파악했나요? □ 예 □ 아니오
- 키워드를 찾고 중요한 부분에 밑줄을 그었나요? □ 예 □ 아니오
- 계산 문제는 천천히 정확하게 풀었나요? □ 예 □ 아니오

- 답안 작성
- 객관식 문제에서 소거법을 활용했나요? □ 예 □ 아니오
- 주관식 및 서술형 문제는 논리적으로 작성했나요? □ 예 □ 아니오
- 답안지를 정확히 표시했나요? □ 예 □ 아니오

- 검토 시간 확보
- 문제 풀이 후 남은 시간으로 답안을 검토했나요? □ 예 □ 아니오
- 실수나 빠뜨린 부분이 없는지 확인했나요? □ 예 □ 아니오

- 체크 결과 평가

이 질문들을 통해 자녀와 대화를 나누며 현재의 공부 환경을 점검하고 개선할 수 있는 방법을 함께 찾아본다. '아니오'란 답변에 체크된 항목을 '예'로 바꿀 수 있도록 부모가 관심을 갖는다면 시험 득점력을 높일 수 있을 것이다.

공부 잘하는 레시피

다섯째, 긍정적인 피드백과 격려를 해 준다.

자녀의 노력과 성과에 대해 긍정적인 피드백을 제공한다. 자녀의 노력을 칭찬하고, 어떤 부분에서 잘했는지 강조한다. 부정적인 측면이 있더라도 긍정적인 피드백을 통해 자녀를 격려하도록 한다. 또한 어려운 문제를 해결했거나 목표를 달성했을 때, 부모는 그 노력과 성취를 인정해 준다. "참 잘했어요!", "너의 노력이 훌륭하구나!" 등의 긍정적인 말을 통해 자녀에게 자신감을 높여 주면 좋다.

여섯째, 시험 스트레스를 잘 관리하고 긍정적으로 대처할 수 있는 방법을 가르쳐준다.

먼저 부모는 자녀와 열린 대화를 통해 자녀의 감정과 스트레스 요인을 이해하려 노력해야 한다. 자녀가 어떤 부분에서 스트레스를 느끼고 있는지, 어떤 것이 걱정되는지를 이해하고 듣는 것이 중요하다. 다음으로 부모는 스트레스를 관리하는 방법 즉 호흡, 명상, 스트레칭, 운동 등의 기술을 가르치고 스스로 관리할 수 있는 능력을 갖출 수 있도록 도움을 준다. 휴식을 취하며 긍정적인 에너지를 전달하는 가족 야외 활동이나 대화를 함께 한다. 또한 너무 높은 기대를 갖지 않고, 자녀의 능력과 성취를 존중하며, 자녀가 최선을 다하도록 격려해 준다.

자기주도학습자로 키우기

　자기주도학습이란 학습자가 주체가 되어 학습 목표를 설정하고 학습 과정을 스스로 이끌어 나가는 학습 활동을 뜻한다. 학습자가 외부의 강의나 교사에게 의존하지 않고 스스로 학습의 주도권을 가지고 필요한 정보를 찾고 이해하며 적용하는 과정을 포함한다. 자기 주도성, 자기 조절력, 자기평가, 자기효능감이 특징이다.

　자녀를 자기주도학습자로 만들기 위해서는 두 가지가 가장 중요하다. 공부를 시작하게 하는 동기를 갖게 하는 것과 공부하는 방법 즉 공부 전략을 알게 하는 것이다. 자녀 스스로 공부하고자 하는 동기가 생기면 부모가 공부하란 소리를 하지 않더라도 알아서 공부한다. 그런데 동기만 있고 공부하는 전략을 알지 못한다면 효과를 볼 수 없다. 성적이 오르거나, 무엇인가를 해냈다는 자신감은 자녀가 더욱 공부를 열심히 하게 되는 계기를 만들어 주기 때문이다.

부모가 자녀를 위해 공부를 시작하게 하는
동기를 갖게 하는 방법 알기

　첫째, 아이들의 관심을 끌고 호기심을 자극하는 주제나 활동을 제공한다.

박물관이나 동물원, 과학 전시관 등을 방문하거나 야외 활동을 통해 직접적인 경험을 제공하여 호기심을 자극해 준다. 또한 탐구적인 학습 활동을 통해 아이들이 직접 문제를 해결하고 발견하는 과정을 경험하도록 도와준다. 나는 예전에 아이들과 함께 사슴벌레를 두 마리 구입하여 나뭇가지, 참나무 톱밥, 수박 등을 채집통에 넣어주고 아이들과 매일 관찰하며 일기를 쓰게 한 기억이 있다. 둘째 아이는 성인이 된 지금도 동식물 관찰하는 것을 매우 좋아한다. 또 아이들의 상상력을 자극하고 호기심을 유발하는 오디오북으로 이야기를 들려 주거나 문학 작품의 책을 사주어 간접 경험을 넓혀준다. 재미있는 이야기를 통해 새로운 세계를 탐험하고 새로운 아이디어를 낼 수 있다. 그리고 천문대를 방문하거나 망원경 등을 구입하여 우주를 관찰할 수 있는 기회를 제공해 주는 것도 좋다.

둘째, 공부 도전에 성공하는 경험을 제공하여 자신감을 키워준다.

성공적인 공부 경험을 통해 아이들은 공부의 즐거움을 느끼고 더 많은 도전에 도전하게 될 것이다. 아이들이 성취한 작은 성과에 대해 긍정적인 피드백을 제공한다. 그리고 새로운 공부에 도전하고 실패하더라도 괜찮다는 것을 이해시킨다. 실패를 통해 얻은 교훈은 또 다른 성공을 위한 공부의 기회이다. 내 아이에게 토마스 에디슨의 이야기를 해 주어도 좋을 것 같다. 토마스 에디슨(Thomas Edison)은 전등의 발명에 있어서 수많은 실패를 겪었다. 그러나 그는 실패를 두려워하지 않았고 자신의 실패들을 "1,000가지의 방법을 찾은 것이며, 실패한 것은 아니다"라고 말했다. 그 결과, 그는 꾸준한 노력 끝에 전구를 발명하고 성공을 이뤄냈다. 이처럼, 에디슨의 경험은 실패를 통해 얻은 교훈이 또 다른 성공을 위한 공부의 기회임을 보여 주는 사례이다. 그리고 중요한 것은 아이들이 스스로의 목표를 설정하고 일정을 관리하는 자율적 기회를 제공하여 발전할 수 있는 여건을 마련해 주는 것이다. 아이들에게 자신이 문제를 해결할 수 있다는 믿음을 심어주면 자기효능감을 강화할 수 있다. 마지막으로 아이들에게 공부가 실생활에서 어떻게 쓸모 있고 의미 있는지를 설명해 준다.

부모가 자녀를 위해 공부하는 방법(How to study), 즉 공부 전략 알기

부모가 자녀에게 효과적인 공부 전략을 가르치는 것은 자녀의 학습 습관을 형성하고 학업 성취도를 높이는 데 매우 중요하다. 다음은 부모가 자녀에게 공부 전략을 갖게 하는 방법에 대한 단계별 가이드이다.

첫째, 자녀의 공부 스타일 이해하기

시각적 학습자, 청각적 학습자, 촉각적/운동적 학습자로 학습자 유형을 파악한 사람은 닐 D. 플레밍이다. 그는 학습자 유형을 구분하는 VARK 모델을 개발한 교육자이기도 하다. 내 자녀가 시각적, 청각적, 혹은 촉각적/운동적 학습자인지 파악한다. 자녀에게 각 공부 스타일에 맞는 방법을 제안한다. 그리고 자녀가 어떤 학습 방법으로 공부할 때 가장 효과적인지 스스로 이야기할 수 있게 해 준다.

---

1. 시각적 학습자

· 특징: 그림, 차트, 다이어그램 등 시각적인 자료를 통해 배우는 것을 선호

· 전략: 색깔 있는 펜과 하이라이터를 사용하여 노트 필기

· 마인드맵이나 그래픽 사용

· 플래시 카드에 이미지를 추가

· 동영상 강의 활용하기

2. 청각적 학습자

· 특징: 듣기를 통해 배우는 것을 선호하며, 강의, 토론, 오디오 자료를 활용하면 효과적

· 전략: 공부 내용을 소리 내어 읽기

· 녹음된 강의를 듣기

· 공부 그룹에서 토론 참여

· 음악을 들으며 공부하기 (단, 방해되지 않는 선에서)

3. 촉각적/운동적 학습자

· 특징: 직접 해 보는 것, 움직임을 통해 배우는 것을 선호

· 전략: 실험, 실습 등 hands-on 활동

· 플래시 카드를 직접 만들어 보기

· 공부할 때 짧은 휴식을 사수 취하며 신제 활농하기

· 모형이나 모델을 사용해 학습 내용 재현

공부 잘하는 레시피

둘째, 자녀의 학습 스타일 파악하기

1. 관찰하기

학습 행동 관찰: 자녀가 공부할 때 주로 어떤 방식을 사용하는지 관찰한다. 자주 그림을 그리거나 메모를 하는지, 소리 내어 읽는지, 움직이면서 공부하는지 등을 파악한다.

학교 과제 분석: 자녀가 학교 과제나 프로젝트를 수행할 때 주로 어떤 방법을 사용하는지 살펴본다.

2. 자녀와 대화하기

선호도 물어보기: 자녀에게 어떤 방식으로 공부하는 것이 가장 편한지, 이해가 잘 되는지를 직접 물어본다.

피드백 받기: 자녀가 어떤 학습 방법이 효과적이었는지에 대한 피드백을 받는다.

3. 학습 스타일 검사 도구 활용

온라인 테스트: 학습 스타일을 파악할 수 있는 온라인 테스트를 찾아 자녀의 학습 스타일을 진단해 본다.

셋째, 학습 스타일에 맞는 공부 전략 제공하기

1. 시각적 학습자에게 맞는 전략

- 색상 표기: 노트 필기 시 중요한 부분을 색깔로 구분한다.
- 다이어그램 사용: 복잡한 정보를 다이어그램으로 시각화한다.
- 플래시 카드 사용: 그림과 함께 단어나 개념을 작성하여 기억한다.

2. 청각적 학습자에게 맞는 전략

- 녹음: 중요한 내용을 녹음하여 반복적으로 듣는다.
- 소리 내어 읽기: 공부할 때 소리 내어 읽거나 중요한 내용을 설명해 본다.
- 강의 내용 듣기: 녹음된 파일 등을 통해 학습 내용을 확인하고 이해한다.

3. 촉각적/운동적 학습자에게 맞는 전략

- 실험 및 실습: 직접 해 보는 활동을 통해 개념을 이해한다.
- 플래시 카드 만들기: 직접 손으로 작성하여 학습 내용을 기억한다.
- 움직임 포함: 개념 기반 과목보다 기술 기반 활동에 더 적합하다. 학습 과정을 재미있는 게임이나 실습 경험과 같은 활동으로 바꾼다.

넷째, 학습 스타일에 따른 피드백과 조정하기

1. 정기적인 피드백 받기

- 효과 평가: 자녀가 새로운 전략을 사용했을 때의 효과를 평가한다.
- 조정: 필요한 경우 전략을 조정하여 더 나은 방법을 찾는다.

2. 자녀의 성취 축하 및 격려하기

칭찬과 격려: 자녀가 자신의 학습 스타일에 맞는 전략을 잘 활용할 때 칭찬과 격려를 아끼지 않는다.

다섯째, 목표 설정과 계획 수립 도와주기

단기 및 장기 목표를 설정하도록 도와준다. 목표는 구체적이고 실현 가능한 것이 좋다. 예를 들면, "이번 주에 수학 문제집 2장을 풀기" 또는 "이번 학기에 영어 성적을 B에서 A로 올리기" 등이다. 목표를 달성하기 위한 구체적인 계획을 자녀와 함께 세운다. 하루, 주, 월 단위로 계획을 나눠서 작성한다.

여섯째, 학습환경 조성해 주기

공부에 집중할 수 있는 조용하고 정돈된 공간을 마련해 준다. 자녀가 필요한 교재, 참고서, 필기구 등을 준비하도록 도와준다.

일곱째, 효율적인 학습 습관 형성에 도움주기

매일 정해진 시간에 공부하는 습관을 기르도록 하고, 50분 공부 후 10분 휴식과 같은 방식으로 휴식 시간을 적절히 배분하도록 도와준다. 중요한 과제나 어려운 과목을 먼저 공부하도록 지도한다.

여덟째, 다양한 학습 방법 활용 안내하기

요약 노트, 마인드맵 등을 활용하여 중요한 내용을 정리하게 해 준다. 또한 다양한 문제를 풀어보며 실전 감각을 익히게 해 주고, 중요한 내용은 주기적으로 복습하게 한다. 교과서 외에도 동영상 강의, 온라인 자료, 교육 앱 등을 활용하도록 자료들을 안내한다.

아홉째, 자율성 존중과 동기 부여 해 주기

자율성 존중하여 자녀가 스스로 계획을 세우고 실천하도록 격려한다. 또한 작은 성취도 칭찬하고, 긍정적인 피드백을 자주 해준다. 실패하더라도 배우고 성장하는 기회로 삼을 수 있도록 사랑해 주고 격려한다.

열번째, 자기 평가와 피드백 제공하기

자녀가 스스로 자신의 학습 과정을 평가하고 개선할 점을 찾도록 한다. 부모도 자녀의 학습 과정을 관찰하고 긍정적인 피드백을 제공할 수 있도록 관심을 갖고 노력한다.

열하나째, 스트레스 관리 방법 알려주기

자녀가 스트레스를 받을 때 이를 해소할 수 있는 방법을 함께 찾아 심리적 지원도 한다. 아울러 공부뿐만 아니라 운동, 취미 활동 등을 통해 균형 잡힌 생활을 하도록 한다.

부모가 자녀에게 효과적인 공부 전략을 갖게 하려면 자녀의 학습 스타일을 이해하고, 목표를 설정하며, 계획을 수립하고, 효율적인 학습 습관을 형성하게 돕는 것이 중요하다. 또한, 자율성을 존중하고 동기 부여를 통해 자녀가 스스로 학습에 대한 책임감을 가지도록 하는 것이 필요하다. 이 과정을 통해 자녀가 학업에서 더 큰 성취를 이룰 수 있도록 도와줄 수 있다.

부모가 자녀를 위해 인지 조절 전략 알기

부모가 자녀를 위해 인지 조절 전략을 이해하고 활용하기 위해서는 여러 가지 방법이 있다. 동일한 내용을 동일한 시간 동안 공부할지라도 어떤 학생은 더 많은 것을 학습하고 또 어떤 학생은 더 적게 학습하는 이유가 바로 인지 조절의 차이 때문이다.

인지 조절(cognitive regulation)은 자신의 사고 과정과 학습 활동을 의식적으로 조절하고 관리하는 능력을 뜻한다. 이는 효과적인 학습과 문제 해결을 위해 필수적인 기술로, 자신의 이해도를 평가하고 필요에 따라 전략을 수정하는 데 중요한 역할을 한다. 주의 집중, 자기 통제, 문제 해결, 계획 세우기 등 인지 조절 기술의 구체적인 전략과 실천 방법을 알아보자.

첫째, 인지 조절의 4가지 전략과 실천 방법 알기

1. 주의 집중

전략

1) 단계별 작업
하나의 큰 과제를 작은 단계로 나누어 각각에 집중하게 한다.

2) 집중 시간 관리
주의 집중 시간을 정해 놓고, 일정 시간이 지나면 잠시 휴식 시간을 가진다.

3) 집중력 향상 게임
퍼즐, 기억력 게임, 또는 미로 찾기 같은 활동을 통해 집중력을 키운다.

실천 방법

1) 하루 공부 시간을 4개의 25분 세션으로 나누어, 각 세션 후 5분 휴식을 취하게 한다.
2) 공부할 때는 휴대폰을 다른 방에 두고, 조용한 방에서 공부하게 한다.
3) 타이머를 사용하여 집중할 시간을 관리하고, 집중이 잘 되는 시간을 찾아 규칙적으로 공부하게 한다.

공부 잘하는 레시피

2. 자기 통제

전략

1) 유혹 관리
자녀가 쉽게 방해받는 유혹을 미리 제거한다. 예를 들어, 공부 시간에 휴대폰을 멀리 두게 한다.

2) 자기 대화
자녀가 긍정적인 자기 대화를 통해 자신을 격려하고 통제할 수 있도록 가르친다. "나는 이걸 해낼 수 있어" 같은 말을 반복하게 한다.

3) 보상 시스템
목표를 달성했을 때 작은 보상을 주어 자기 통제를 강화시킨다.

실천 방법

1) 자녀와 함께 규칙을 정하고, 이를 지켰을 때 작은 보상을 준다. 예를 들어, 숙제를 마치면 좋아하는 간식을 준다.
2) 자녀가 스트레스를 받을 때 사용할 수 있는 호흡 기술을 가르치고, 스트레스 상황에서 이를 실천해 보게 한다.
3) 자녀가 부정적인 생각을 할 때, 긍정적인 자기 대화로 전환하는 연습을 한다.

---

3. 문제 해결

전략

1) 문제 인식

자녀가 문제를 명확히 인식하도록 돕는다. 문제가 무엇인지 구체적으로 정의하게
한다.

2) 해결책 찾기

가능한 여러 가지 해결책을 브레인스토밍하고, 각각의 장단점을 논의한다.

3) 의사 결정

최선의 해결책을 선택하고, 실행 계획을 세운다.

실천 방법

1) 자녀가 어려운 문제를 만났을 때, 문제를 명확히 정의하게 하고, 가능한 해결책
   을 모두 적어보게 한다.
2) 각각의 해결책의 장단점을 논의하고, 최선의 해결책을 선택하게 한다.
3) 문제를 해결한 후 결과를 논의하고, 다음에 어떻게 더 잘할 수 있을지 피드백
   한다.

공부 잘하는 레시피

4. 계획 세우기

전략

1) 목표 설정
장기 목표와 단기 목표를 설정하고, 이를 달성하기 위한 구체적인 계획을 세우게 한다.

2) 시간 관리
일정을 계획하고, 중요한 일을 우선순위로 정하여 계획하게 한다.

3) 진행 상황 점검
계획의 진행 상황을 주기적으로 점검하고, 필요시 계획을 수정하게 한다.

실천 방법

1) 자녀와 함께 주간 계획표를 작성하고, 중요한 과제를 먼저 완료하도록 계획한다.
2) 할 일 목록을 작성하고, 완료한 항목을 체크하며 성취감을 느끼게 해 준다.
3) 매주 주말에 주간 계획을 리뷰하고, 다음 주 계획을 수정하고 보완한다.

이러한 인지 조절 전략들을 실천함으로써 자녀가 자신의 생각과 행동을 효과적으로 관리하고 목표를 달성할 수 있도록 도울 수 있다. 꾸준한 연습과 부모의 지속적인 지원이 중요하다.

둘째, 자녀의 인지 조절을 향상시키는 방법 알기

1. 자기 질문하기

학습 과정 중 스스로에게 질문을 던지며 이해도를 점검한다. 예를 들어, "이 내용을 정말 내가 이해했는가?", "이 방법이 내게 효과적인가?" 등의 질문을 하여 학습을 스스로 모니터링할 수 있게 한다.

2. 공부 일지 기록하기

공부 일지를 통해 자신의 학습 과정과 전략을 기록하고, 이를 바탕으로 개선점을 찾아낸다. 일지를 작성하며 계획, 조정, 평가의 과정을 체계적으로 정리하게 한다.

3. 피드백 활용하기

선생님이나 친구로부터 받은 피드백을 적극적으로 활용하여 자신의 공부 전략을 개선한다. 피드백을 통해 자신의 약점을 파악하고 이를 보완하는 방안을 찾게 한다.

4. 목표 설정 및 계획

단기 및 장기 목표를 설정하고, 이를 달성하기 위한 구체적인 계획을 세우게 한다. 목표와 계획은 학습의 방향을 제시하며, 학습 동기를 강화한다.

5. 휴식과 재충전

규칙적인 휴식과 충분한 수면을 통해 인지적 피로를 줄이고, 학습 효율성을 높이게 해 준다. 피로한 상태에서는 인지 조절이 어려워지므로 적절한 휴식이 중요하다.

6. 다양한 공부 전략 활용

다양한 공부 전략을 시도해 보고, 자신에게 가장 효과적인 방법을 찾아 적용하

공부 잘하는 레시피

도록 한다. 예를 들어, 요약하기, 마인드맵, 문제 해결 연습 등을 통해 다양한 공부 전략을 활용한다.

　인지 조절 전략은 다양한 연구자들의 이론과 연구에 기초하고 있으며, 이를 통해 학습자들이 더 효과적으로 학습할 수 있도록 돕는다. 존 플라벨, 앤 브라운, 앨버트 반두라, 버리 잔 등의 연구가 이 분야의 기초를 다지는 데 중요한 역할을 했다. 인지 조절은 자신의 학습 과정을 효과적으로 관리하고 최적화하는 데 중요한 기술이다. 계획, 모니터링, 조정, 평가의 과정을 통해 학습 효율성을 높일 수 있다. 자녀가 다양한 방법을 통해 인지 조절 능력을 향상시킬 수 있도록 노력한다.

03
미래가 원하는 인재상!
내 아이를 이렇게 준비시켜라

미래 교육은 무엇일까? 말 그대로, 미래에 교육체제와 환경이 바뀐다는 말이다. 미래 교육은 이미 시작되었으며, 점진적으로 발전하고 있다. 여러 요소가 결합 되어 미래 교육의 변화를 촉진하고 있으며, 이러한 변화는 시간이 지남에 따라 계속해서 진행될 것으로 예상된다. 제시되는 미래 교육과 관련된 내용의 주요 근거는 세계경제포럼(WEF)의 4차 산업혁명 보고서 '일자리의 미래 보고서(The Future of Jobs Report)(2020)'와 OECD의 '교육 변화의 동향(Trends Shaping Education)' 시리즈 그리고 Yoon 등(2018) '제4차 산업혁명을 위한 교육(Education for the Fourth Industrial Revolution)' 논문, 유네스코의 'Education 2030', Microsoft의 '2030년 학급과 삶을 준비하는 학습(Class of 2030 and Life-Ready Learning)' 등 미래 교육과 관련된 자료들이다.

최근 몇 년간, 인공지능, 가상현실, 증강 현실과 같은 기술의 발전과 혁신, 산업 구조의 변화, 교육 철학의 변화 등이 결합 되어 미래 교육의 변화가 가속화되고 있다. 2024년 현재 학교에서는 AI 디지털 교과서 도입에 따라 교사들을 연수 시키고 있다. AI 디지털 교과서의 추진 방향은 맞춤 학습, 흥미와 몰입, 다양성과 데이터 기반, 첨단 기술 적용이다. 2025년에는 수학, 영어, 정보, 특수교육 국어가 도입되어 초등학교 3, 4학년, 중학교 1학년, 고등학교(공통)에서 AI 디지털 교과서로 배우게 될 것이다. 2026년에는 국어, 사회, 과학, 역사, 기술 가정 영역까지 순차적으로 확대된다. 2028년에는 모든 교과목에서 활용되고 전 학년이 배울 수 있다. 이러한 변화에 따라 우리는 계속해서 새로운 학습 방법과 기술을 적극적으로 받아들이고 적용해 나가야 한다. 부모는 미래를 대비하여 자녀의 교육을 위해 최선을 다하는 것이 중요하다. 우리 아이들이 살아가는 시대에 교육이 어떻게 바뀌고 어떤 방향으로 가는지에 대해 살펴볼 시간이 필요하다.

미래 교육의 주요 특징과 방향성에 대해 살펴보자.

첫째, 개인 맞춤형 학습이다.

미래 교육은 학습자의 개별적인 능력, 흥미, 학습 속도에 맞춘 맞춤형 교육을 지향한다. 이를 위해 다음과 같은 방법들이 활용될 수 있다.

1. **적응형 학습 시스템**: 인공지능(AI)을 활용하여 학생의 학습 패턴을 분석하고, 개별 맞춤형 학습 경로를 제시한다.
2. **플립드 러닝**: 교실에서는 주로 토론과 협업 활동을 하고, 강의는 온라인으로 자율적으로 학습하는 방식이다.

둘째, 디지털 및 온라인 학습이다.

기술 발전에 따라 디지털 도구와 온라인 플랫폼을 활용한 학습이 중요해지고 있다.

1. **온라인 교육 플랫폼**: Coursera, Khan Academy, Udacity와 같은 플랫폼을 통해 언제 어디서나 학습할 수 있는 기회를 제공한다.
2. **가상현실(VR) 및 증강현실(AR)**: 몰입형 학습 경험을 제공하여 복잡한 개념을 시각적으로 이해할 수 있도록 돕는다.

셋째, 창의력 및 문제 해결 능력 강조이다.

미래 사회에서는 창의적이고 복잡한 문제를 해결할 수 있는 능력이 중요하다.

1. **프로젝트 기반 학습(PBL)**: 실제 문제를 해결하는 프로젝트를 통해 실질적인 문제 해결 능력과 협업 능력을 기른다.
2. **디자인 씽킹**: 창의적인 문제 해결 과정을 통해 혁신적인 아이디어를 개발하는 방법을 공부한다.

넷째, 지속 가능한 교육이다.

미래 교육은 지속 가능한 발전을 위한 교육을 중시한다.

1. **환경 교육**: 기후 변화와 지속 가능한 발전에 대한 이해를 높이는 교육을 제공한다.
2. **윤리 및 시민 교육**: 글로벌 시민으로서의 책임과 윤리의식을 함양한다.

다섯째, 협력 및 커뮤니케이션 능력

미래의 직업 환경에서는 협업과 커뮤니케이션 능력이 더욱 중요해질 것이다.

1. **팀 프로젝트**: 팀워크와 커뮤니케이션 능력을 기를 수 있는 프로젝트를 통해 실질적인 협력 경험을 제공한다.

2. **토론 및 발표 수업**: 학생들이 자신의 의견을 논리적으로 표현하고 다른 사람들과 소통할 수 있는 능력을 기른다.

미래 교육은 이러한 다양한 요소들을 통해 학생들이 변화하는 사회에서 성공적으로 적응하고 발전할 수 있도록 돕는 것을 목표로 한다. 현재 여러 나라의 교육 시스템은 이러한 방향성을 반영하여 점진적으로 변화하고 있으며, 부모와 학교는 이러한 변화에 발맞추어 아이들을 준비시키는 것이 중요하다. 그렇다면 부모가 자녀의 미래 교육을 준비하기 위해 무엇을, 어떻게 하여야 할까? 알아보자.

디지털 리터러시 능력 강화하기

첫째, 부모는 내 자녀에게 안전한 인터넷 사용 방법을 가르쳐 준다.

개인 정보 보호, 사생활 보호, 온라인 괴롭힘 방지 등에 대한 지식을 전달하고 올바른 온라인 행동 방법을 알려준다. 또한 정보를 검색하고 평가하는 능력을 강화해야 한다. 신뢰할 수 있는 웹사이트를 식별하고, 사실과 거짓 정보를 구별하며, 다양한 관점을 고려하는 방법을 가르쳐야 한다.

둘째, 자녀에게 디지털 콘텐츠를 제작하고 공유하는 기회를 제공한다.

블로그 글쓰기, 동영상 제작, 사진 편집, 유튜브 올리기 등을 통해 자녀가 자신의 아이디어를 표현하고 공유하는 능력을 키워 줄 수 있다. 또한 온라인 상황에서의 대인관계 및 소통 능력을 길러준다. 적절한 온라인 소통의 중요성을 강조하고, 디지털 커뮤니케이션의 원칙을 가르쳐 주어야 한다. 디지털 커뮤니케이션이 잘못되어 사이버 폭력으로 이어지는 경우도 있기 때문이다.

셋째, 자녀에게 디지털 도서관 및 학습 플랫폼을 활용하는 방법을 가르쳐준다.

온라인 도서관을 활용하여 정보를 탐색하고, 온라인 학습 플랫폼을 통해 새로운 지식과 주제에 대해 학습하는 기회를 제공해 준다.

　이러한 방법들을 통해 내 자녀는 디지털 환경에서 안전하고 효과적으로 정보를 활용하고 소통할 수 있는 능력을 키울 수 있다. 부모는 이러한 능력을 일상적으로 가르치고 모범을 보여 주면서 내 자녀의 디지털 리터러시를 강화할 수 있다. 이를 위해 부모도 이런 능력을 강화할 수 있도록 관련 지식들을 배우거나 관련 전문가를 찾아 배움의 기회를 가져야 한다.

창의성과 문제 해결력 증진하기

첫째, 내 자녀에게 자유롭게 놀이하고 탐구하는 기회를 제공한다.

자녀는 자신의 상상력과 호기심을 자유롭게 발휘하며 문제를 발견하고 해결하는 데 필요한 능력을 기를 수 있다. 또한 내 아이에게 미술, 음악, 연극 등 크리에이티브 프로그램으로 창의력을 자극하는 활동에 참여하게 할 수 있다. 아이는 자신의 아이디어를 시각적으로 표현하고 문제에 대한 다양한 해결책을 시도하며 창의성과 문제 해결 능력을 키울 수 있다.

둘째, 논리적인 사고와 문제 해결 능력을 향상시킬 수 있는 기회를 마련한다.

다양한 종류의 문제 해결 게임과 퍼즐을 아이에게 제공하여 아이들이 새로운 문제를 발견하고 해결하는 과정을 즐기면서 학습할 수 있는 효과적인 방법이다. 또한 아이들에게 책, 장난감, 도구 등을 활용하여 학습 환경을 조성한다. 다양한 주제와 활동에 대한 호기심을 유발하고 자연스럽게 탐구적인 학습을 유도할 수 있다. 아이들은 자신의 호기심을 충족시키고, 새로운 지식과 기술을 습득하며 문제를 해결하는 과정을 경험할 수 있다.

셋째, 현실적이고 의미 있는 문제를 해결하는 활동과 프로젝트 등에 관심을 갖게 한다.

아이들은 협력하고 창의적으로 생각하며 다양한 해결책을 탐색하고 구현하는 데 필요한 능력을 발전시킬 수 있다. 아이들이 지역사회나 학교의 학생회 활동이나 동아리 활동 등에 참여하여 문제를 발견하고 해결하는 프로젝트를 진행해 본다. 예를 들어 쓰레기 정리, 기후 환경 보호 활동 등의 프로젝트를 통해 아이들은 자기가 속한 공동체의 일원으로서 책임감을 키운다. 또한 현실적인 문제에 대한 해결책을 모색할 수 있다. 그리고 학교 행사의 과학 탐구 프로젝트를 신청하게 한다. 아이들에게 과학적인 문제를 탐구하고 실험하는 프로젝트를 학교에서 '과학의 달' 행사 기간을 이용하여 팀으로 참여하게 한다. 선생님의 지도를 받아 환경 오염에 대한 연구, 식물 성장 실험, 재활용 가능한 에너지 알아내기 등의 프로젝트를 통해 아이들은 과학적인 문제 해결 능력을 키우고 현실적인 문제에 대한 해결책을 찾을 수 있다. 그 외에 로봇 제작, 코딩으로 프로그램 만들기 등의 프로젝트를 통해 아이들은 문제 해결 능력을 향상 시키고 현실적인 문제에 대한 창의적인 해결책을 생각해 낼 수 있다.

넷째, 내 아이의 자기주도학습과 자기관리 능력을 강화하기 위해 노력한다.

아이와 함께 공부할 목표를 설정하고 달성할 수 있는 구체적인 계획을 세우는 것이 중요하다. 목표는 지금 학교에서 공부하고 있는 것의 예습, 복습을 모두 포함하며 현실적이고 측정 가능하며, 아이가 흥미를 가지고 추구할 수 있는 것이어야 한다. 그리고 자기 주도적으로 학습할 수 있는 환경을 조성해야 한다. 도서관이나 인터넷을 활용하여 원하는 주제에 대해 탐구하고 학습할 수 있는 자료를 찾을 수 있도록 조력한다. 또한 시간 관리 기술은 자기주도학습과 자기관리 능력을 향상시키는 데 중요하다. 자녀 일정을 만들고 일정에 따라 학습과 휴식을 균형 있게 배치하는 방법을 가르치고 실제로 실천하도록 돕는다. 자기관리 능력을 강화하려면 자기 조절 학습 방법도 가르쳐야 한다. 자기 조절 학습 방법은 학습 활동을 계획하고 실행하는 능력을 말한다. 자녀에게 목표를 설정하고 계획을 세우는 방법, 집중력을 유지하는 방법, 동기를 유지하는 방법 등을 가르쳐 준다.

협력과 소통 능력 강화하기

첫째, 내 아이가 다른 사람과 협력하고 소통하는 능력을 키우도록 도와주어야 한다. 부모는 자신이 원하는 협력과 소통의 모범을 보여줄 수 있어야 한다. 아이들은 부모의 행동을 모방하므로, 부모가 협력적이고 적극적으로 소통하는 모습을 보여 주면 자연스럽게 그 행동을 배울 수 있고 따라한다. 가족 내에서도 가족 행사에 협력적인 활동을 함께 진행하고 문제를 해결하거나 공동으로 프로젝트를 수행하는 경험을 통해 협력과 소통의 중요성을 깨닫게 된다. 또한 자녀들을 협력적인 팀이나 그룹 활동에 참여하도록 안내한다. 학교나 교외 활동에서 팀 프로젝트나 그룹 활동을 통해 자신의 아이디어를 제안하고 다른 사람들과 협력하여 문제를 해결하는 경험을 쌓을 수 있다.

둘째, 부모는 자녀에게 적절한 소통 기술을 가르쳐주어야 한다. 자녀에게 다양한 배경과 관점을 존중하고 이해하는 법을 가르쳐준다. 이를 통해 자녀는 다양성을 인정하고 다른 사람들과 협력하여 문제를 해결하는 방법을 배울 수 있다. 또한 자녀와 열린 대화를 통해 생각과 감정을 표현하고 다른 사람들의 의견을 듣는 연습을 할 수 있도록 도와준다. 자녀에게 갈등이 발생했을 때 적절한 방식으로 대처하는 법을 알려준다. 갈등을 해결하는 과정에서 상호 간의 이해와 협력이 중요함을 깨닫게 해 준다.

공부 잘하는 레시피

미래의 인재상 알기

부모가 자녀의 미래 교육을 준비시키기 위해 미래의 인재상을 이해해야 한다. 인재상의 변천을 알아야, 무엇을 어떻게 미래를 위해 교육 시켜야 하는지를 알 수 있기 때문이다.

시대가 변함에 따라 우리 교육의 인재상은 계속 변해왔다. 앞으로 4차 산업혁명을 넘어 AI 챗GPT 세상이 된다. AI가 할 수 있고 없는 경계가 무너져 인간으로서의 본질을 지켜 내는 윤리적 가치의 중요성이 부각될 것이다. 이때의 윤리적 가치는 인공지능 기술이 어떻게 작동하는지, 개인정보가 어떻게 수집되고 사용되는지 등의 투명성이 보장되어야 할 것이다. 인간에 대한 편견이나 차별이 반영되지 않도록 하며, 인공지능 기술이 인간의 안전을 위협할 수 있는 위험성에 대한 대응책 등을 뜻한다.

내 아이의 미래를 위해 요구하는 인재상이 무엇인지 비교해 보고 준비해 보자.

〈20세기 인재상〉
- 전문성: 깊은 지식
- 산업화 중심: 제조업 기술
- 안정성: 장기 근무
- 규칙 준수: 조직 적응

〈21세기 인재상〉
- 창의성: 혁신적 아이디어

- 융합적 사고: 다분야 융합
- 디지털 리터러시: 기술 활용
- 글로벌 마인드셋: 문화 이해
- 평생 학습: 지속 교육

〈4차 산업혁명 시대의 인재상〉
- 기술 적응력: 최신 기술
- 데이터 분석: 정보 도출
- 창의적 문제 해결: 창의적 접근
- 협업과 커뮤니케이션: 효과 소통
- 유연성: 빠른 적응

21세기 인재상은 전반적인 창의성, 융합적 사고, 디지털 리터러시, 글로벌 마인드셋, 평생 학습 등 넓은 범위의 역량을 강조하는 반면, 4차 산업혁명 시대의 인재상은 기술 적응력, 데이터 분석, 창의적 문제 해결, 협업과 커뮤니케이션, 유연성 등 기술 중심의 구체적인 역량에 초점을 맞추고 있다.

〈ChatGPT 시대의 인재상〉
- AI 협업: AI 활용
- 비판적 사고: 정보 분석
- 디지털 리터러시: 데이터 이해
- 윤리적 사고: 올바른 의사결정
- 지속 가능성: 환경 고려
- 감성 지능: 공감, 소통, 근면, 성실

공부 잘하는 레시피

4차 산업혁명 시대 학교 교육의 미래 알기

교육부(2016)에서 제시한 미래 교육의 방향은 "학생들의 흥미와 적성을 최대한 발휘할 수 있는 교육, 사고력, 문제해결력, 창의력을 키우는 교육, 개인의 학습 능력을 고려한 맞춤형 교육, 지능정보기술 분야 핵심 인재를 기르는 교육, 사람을 중시하고 사회 통합에 기여하는 교육" 등으로 제시하고 있다. 그렇다면 학교의 미래 교육은 어떻게 될까?

4차 산업혁명 시대 학교 교육의 미래는 빠르게 변화하는 기술적, 사회적 환경에 맞춰 여러 가지 변화와 혁신을 필요로 한다. 다음은 이러한 변화를 이해하고 예측하는 데 도움이 될 수 있는 몇 가지 내용을 알아보자.

첫째, 기술 통합이다.

1. AI와 머신러닝
AI와 머신러닝 기술을 활용하여 개인화된 학습 경험을 제공할 수 있다. 학습 데이터 분석을 통해 아이들 개개인에게 맞춤형 교육 콘텐츠와 학습 경로를 제공하여 학습 효율성을 높여준다.

2. 가상현실(VR)과 증강현실(AR)
VR과 AR을 통해 몰입형 학습 환경을 제공할 수 있다. 아이들은 복잡한 개념을 보다 직관적으로 이해하고, 실제 상황과 유사한 경험을 통해 실습할 수 있다.

3. 온라인 학습 플랫폼

다양한 온라인 학습 플랫폼을 통해 시간과 장소에 구애받지 않고 학습할
수 있다. MOOC(Massive Open Online Courses)와 같은 플랫폼은 전 세계의
교육 자원에 접근할 수 있게 한다.

둘째, 맞춤형 학습이다.

1. 개인화된 학습 경로

아이들의 학습 스타일과 속도에 맞춘 맞춤형 학습 경로를 제공하여 각자의
학습 잠재력을 최대한 발휘할 수 있도록 지원한다.

2. 실시간 피드백

즉각적인 피드백을 제공하여 학습자가 학습 과정에서 즉시 수정하고 발전
할 수 있도록 한다.

셋째, 새로운 교육 방식이다.

1. 프로젝트 기반 학습

실생활 문제를 해결하는 프로젝트를 통해 창의적 문제 해결 능력과 협업
능력을 키워준다.

2. 문제 해결 중심 교육

이론보다는 실제 문제 해결에 중점을 두고, 아이들이 실제 문제를 탐구하
고 해결하는 과정에서 배움을 얻을 수 있도록 한다.

3. 창의성과 비판적 사고 기르기

학생들이 창의적으로 사고하고, 비판적으로 문제를 분석하고 해결하는
능력을 길러준다.

넷째, 글로벌 학습 환경이다.

1. 글로벌 협업

전 세계의 학생들과 온라인으로 협업 프로젝트를 수행하며 다양한 문화와
관점을 이해하고 소통하는 능력을 기를 수 있다.

2. 다양성 존중

다양한 배경을 가진 학생들이 함께 학습하며 서로의 차이를 이해하고 존중
하는 문화를 만든다.

다섯째, 교사 역할 변화이다.

1. 가이드와 멘토
교사는 정보 전달자가 아닌 가이드와 멘토로서 학생들이 자율적으로 학습할 수 있도록 지원하고 안내한다.

2. 평생 학습자
교사 자신도 끊임없이 배우고 성장하여 최신 교육 방법과 기술을 습득하고 적용해야 한다.

여섯째, 교육 정책 및 제도 변화이다.

1. 유연한 교육 제도
전통적인 학년제와 학사 구조를 넘어선 유연한 교육 제도를 도입하여 학생들이 자신의 속도에 맞춰 학습할 수 있도록 한다.

2. 평가 방법 혁신
시험 위주의 평가가 아닌 포트폴리오, 프로젝트 결과물, 참여도 등을 종합적으로 평가하는 방법을 도입한다.

공부 잘하는 레시피

지금의 현실은 교실에서 아이들이 모두 선생님들에게 공부에 집중하지만, 개인별 맞춤형 교육은 사실상 어렵다. 한 명 한 명이 소중한 아이들이지만, 개인별로 학습을 제공하기에는 시간과 여건이 허락하지 않는다. 학습의 수준도 모두 차이 나지만, 적당한 중간 수준의 난이도를 유지하면서 가르쳐 왔다. 그러나 4차 산업혁명의 기술은 개별화된 학습, 온라인 평가, 디지털 콘텐츠, 인공지능 교수, 가상현실 체험 그리고 교육 시스템 운영, 시스템의 상호 연계 등을 통해 교육에 미칠 영향은 매우 크다. 4차 산업혁명 시대의 교육과 학교 교육의 미래는 기술의 발전과 함께 끊임없이 변화하고 있다. 이러한 변화에 대응하기 위해서는 유연하고 창의적인 교육 접근법이 필요하다. 이를 통해 학생들은 미래 사회에서 요구되는 다양한 역량을 갖추고, 변화하는 환경에 적응할 수 있는 능력을 기르게 될 것이다. 이러한 변화의 방향을 바탕으로 현재 교육 시스템에 반영하고, 지속적으로 발전시켜 나가는 것이 중요하다.

상상만 해도 즐거워지는 미래 교육이다. 그럼 시나리오를 통해 미래의 학교를 상상해 보면서 미래 학생이 학교를 통해 교육에 참여하는 모습은 어떨지 재미있게 상상을 날개를 펴보자.

시나리오: 미래 교육의 하루

1. 배경: 2040년, 미래형 학교. 이 학교는 최신 기술과 교육 방법을 활용하여 학생들의 다양한 역량을 키우는 것을 목표로 하고 있다.

2. 등장인물
- 우준: 15세 학생, 과학과 기술에 관심이 많음.
- 예지: 15세 학생, 예술과 디자인에 열정적임.
- 선생님: 다양한 교과목을 통합적으로 가르치는 미래형 교사.
- AI 튜터: 맞춤형 학습프로그램 제공.

3. 1교시: 개인 맞춤형 학습 시간

우준과 예지는 각자의 학습 공간에서 시작한다. AI 학습 플랫폼에 로그인하여 오늘의 학습 계획을 확인한다. AI 튜터는 그의 학습 데이터와 목표를 분석하여 개인 맞춤형 학습 경로를 제공한다. 우준은 "오늘은 양자 컴퓨터에 대해 배우는 날이네. 기대된다!" 예지는 가상현실(VR) 기기를 착용하고, 유명한 예술가들의 작품 세계를 탐험한다. VR 속에서 예지는 직접 브러시를 사용해 그림을 그려보고, 3D로 작품을 감상한다. 예지는 "이런 방식으로 예술을 배울 수 있다니 정말 멋져!"라며 매우 재미있어한다.

4. 2~3교시: 협업 프로젝트

우준과 예지는 팀 프로젝트를 위해 그룹 토론실에 모인다. 오늘의 주제는 "미래 도시 설계"이다. 팀원들은 각자 역할을 맡아 프로젝트를 진행한다.

우준: "나는 도시의 에너지 효율성을 높이는 기술을 조사할게."
예지: "나는 도시의 예술과 문화 공간을 디자인할게."

팀원들은 디지털 도구를 활용해 아이디어를 시각화하고, 온라인 협업 플랫폼에서 실시간으로 의견을 교환한다. AR 기술을 통해 도시 모델을 3D로 구현하며 다양한 시나리오를 테스트한다.

5. 4교시: 글로벌 네트워킹

4교시에는 아이들이 다른 나라의 아이들과 온라인 교류 활동에 참여한다. 우준은 녹일의 한 학생과 에너지 절약 기술에 대해 논의하고, 예지는 프랑스의 예술학교 학생들과 협업 작품을 준비한다.

우준: "독일에서는 어떤 에너지 절약 기술이 인기 있어?"
독일 학생: "우리는 스마트 그리드 시스템을 많이 사용해. 너희는?"

6. 5~6교시: 문제 해결 및 창의적 활동

오후 수업에서는 실생활 문제 해결 활동이 진행된다. 우준과 예지는 교내 스마트 농장에서 작물 재배 과정을 모니터링하고, 데이터를 분석해 작물의 성장 상태를 개선하는 방법을 찾는다.

우준: "온도와 습도를 조절하면 더 좋은 결과가 나올 것 같아."

한편, 예지는 디자인 씽킹 워크숍에 참여해 새로운 제품을 개발하는 과정을 배운다. 팀원들과 브레인스토밍을 통해 창의적인 아이디어를 도출하고, 시험용으로 물건을 제작한다.

예지: "이 아이디어를 실제로 만들어보자. 우리가 만든 제품이 사람들에게 도움이 될 수 있어."

7. 마무리: 자기주도 학습 및 피드백

하루를 마무리하며, 우준과 예지는 자기주도 학습 시간을 갖는다. 각자 오늘 배운 내용을 정리하고, 다음 학습 목표를 설정한다. 선생님은 온라인 피드백 시스템을 통해 학생들의 학습 진행 상황을 확인하고, 맞춤형 피드백을 제공한다.

선생님: "우준아, 오늘 프로젝트에서 훌륭한 아이디어를 제시했네. 다음에는 더 깊이 있는 연구를 해 보면 좋을 것 같아."
우준: "오늘 워크숍에서 정말 많은 것을 배웠어요. 내일은 더 창의적인 아이디어

를 떠올려볼게요."

이 시나리오는 아이들이 다양한 학습 도구와 방법을 통해 미래 교육에 참여하는 모습을 보여 준다. 개인 맞춤형 학습, 협업 프로젝트, 글로벌 네트워킹, 문제 해결 활동 등을 통해 아이들은 다양한 역량을 키우고, 변화하는 사회에 적응할 준비를 한다.

에필로그

　누구나 인생을 살면서 공부한다. 사실은 평생을 공부한다. 엄마의 태교부터 시작해서 죽을 때까지 무엇이든 배우면서 살아간다. 이제는 온라인 강좌뿐만 아니라 유튜브를 통해서도 배우고 싶은 분야를 얼마든지 공부할 수 있다. 나의 어릴 적의 꿈은 선생님이었다. 나의 어머니께서는 어릴 적부터 내게 "너는 직장을 갖고 살아라. 선생님이 되었으면 좋겠다"라는 말을 많이 하셨다. 선생님들을 보면서, 선생님들에게 배우면서, 선생님 되기를 꿈꾸며 소원했다. 그래서 선생님이 되었다. 이제 돌아보면 나는 엄마의 속 깊은 뜻을 헤아릴 수 있다. 사범대학을 졸업하고 교사, 장학사, 교감, 교장까지 39년을 교단에 있었다. 평생을 어느 누구보다 공부와 가장 가까이 있었다. 그런 나의 학창 시절은 어떠했을까? 공부는 얼마나 잘했을까? 어린 시절부터 공신들처럼 공부를 잘했을까? 아니다. 단연코 아니다. 나는 아주 평범한 학생이었다. 교실의 친구들 앞에서 교과서를 읽고, 발표하려면 부끄러

　　　　　　　공부 잘하는 레시피

워 목소리가 떨렸고 큰 숨을 들이쉬고 내쉬면서 마음을 진정시키던 그때 그 모습이 지금도 눈에 선하다. 목소리부터 떨리는 소심함은 눈에 띄는 것을 싫어했다. 대신 선생님이 시키는 일이나 반 친구가 부탁하는 일들은 열심히 했다. 성실하다는 말은 들은 기억이 많다. 중고등학교 때 성적은 반에서 10등 안에는 들었다. 내가 다니던 고등학교에서 학생들 공부 성적을 경쟁시키기 위해 모의고사나 중간·기말고사 성적을 전교 1등부터 30등까지 이름을 게시판에 붙이곤 했는데, 정말 끔찍이 싫었다. '성적으로 줄을 세운다고 삶의 줄서기는 아니다'라는 사춘기 시절 나름의 판단은 있었던 것 같다. 나는 평범했지만 '선생님이 되자'라는 꿈과 목표가 있었고, 그것이 동기가 되어 그 조건에 맞도록 노력하며 산 것이 전부이다. 학창 시절 주로 했던 공부 방법은 머릿속에 암기했던 것 다시 회상해 보기, 앞 글자 따서 외우기, 수학 공식 외우기, 시험 보기 전 분치기, 암기 과목 밤샘 몰이 등이었다. 내가 다니던 학창 시절에 나는 '공부하는 방법'을 소개하는 책을 접하지 못했다. 수업 시간에 선생님에게도 배우지 못했다. 공부하는 방법과 요령을 배우는 기회가 있었다면 '고생 덜하고 공부했을 텐데'라는 생각도 들었다. 소심한 성격은 선생님이 되어서는 적극적인 성격으로 점차 바뀌어 갔다. 아이들을 가르쳐야 하기 때문이다. 첫 수업 시간! 나의 공부 방법을 소개했다. 전공은 전문성이 있었고, 공부 방법에 대해서는 체계적인 전문성이 부족했다. 즉 교과 내용 즉 학습 목표에 이르도록 가르치는데 시간을 더 많이 썼다. 성적이 낮은 아이들은 공부 방법보다는 공부에 더 노력하지 않는 데 원인을 더 많이 두었다. 교사로서 경력이 쌓이면서 효과적인 공부 방법에 더욱 관심을 가졌고, 아이들과 상담을 하면서 나도 고민했었다. 지금은 교육 여건도 좋아졌고, 교육과정도 유연화되었으며, 학생 수도 줄어 맞춤형 교육이 가능해졌다. 따라서 교사는 수업 시간에 학습 목표에만 주력하여 진도 나가기보다 '공부하는 방법(How to study)'을 먼저 전문적으로 가르쳐 주어야 한다. 교과의 특성에 맞게 공부하는 방법을 가르쳐야 한다. 학생들이 보다 쉽게 공부할 수 있도록 안내해야 한다.

공부는 공부 방법이 있으며, 공부는 요령이다

내가 공부하는 방법(How to study)에 적극적인 관심을 가지게 된 계기는 2014년 서울시교육청에서 '기초학력' 업무를 맡은 장학사로 근무할 때부터이다. 기초학력이란 어떤 교육을 받는 데 기초적으로 필요한 학습 능력으로 여러 과제의 공부에 포괄적으로 필요하게 되는 일반적 학습 능력을 말한다. 예컨대, 읽기·쓰기·셈하기와 같은 능력은 기초학력이 된다. 많은 학생이 공부에 필요한 학습 능력을 갖지 못하는 데에 대한 고민이 시작되었다. 결국은 공부인데 어떤 이유로 '공부를 못 하게 되는가?'가 너무 궁금했다. 이전에 갖고 있던 생각이 틀렸다. 공부는 노력만으로는 되지 않는다. 이 학생들에게 '공부하는 방법을 가르쳐 주면 되지 않겠는가?'라는 생각이 들었다. 그런 생각이 연구의 필요성을 불러 '중학교 기초학력 성취도 차이에 미치는 영향 요인 분석'이라는 박사 논문을 2016년에 발표하였다.

이때부터 공부하는 방법과 관련된 여러 자료를 모아 '유샘의 공부 잘하는 비법' 블로그를 만들었다. 그리고 공부 관련 책들을 검색하고 사들여서 아이들에게 도움이 될 만한 자료들을 정리해 글을 썼다. 고등학교 교감이 되었을 때는 'How to study' 방과 후 활동반을 모아서 학습 전문가를 초빙하여 아이들에게 공부하는 방법을 체계적으로 가르치는 반을 만들었다. 나는 가끔 'How to study' 방과 후 활동반 수업에 들어가서 다양한 공부 방법을 체계적으로 잘 가르치는지를 확인하곤 했다. 또한 공부하는 방법이 궁금하거나, 공부를 힘들어하는 아이들에게 공부 관련 책을 빌려 주고, 어떤 책의 내용이 본인의 공부에 도움이 되었는지를 이야 기하곤 했다. 2019년 공모 교장으로 간 학교는 공부하는 방법이 필요한 학생들이 많았다. 우선 전체 학생의 학력 신장을 위해 창 의적 체험활동의 진로활동 시간을 활용하여 '공부하는 방법(How to study)'을 공부시켰다. 노트 필기법, 암기법, 시험 공부법 등의 내용이었다. 1년 뒤에 전체 학생의 학력 신장 비율을 보니 1% 정 도의 증진이 있었다. 그리 나쁘지는 않은 결과이다. 왜냐하면 기 초가 안 되어 있는 상태에서 공부 방법을 배웠다고 금방 좋아지 지는 않기 때문이다. 점차 나아지기 때문이다. 공부하는 요령과 방법을 익혀야 좀 더 잘할 수 있다는 확신이 섰다. 이외에도 대상 학생들에게 심리 지원, 문화예술 지원도 함께 이루어졌다. 삶의 다양성을 경험으로 느끼고 보여 주고, 관심을 통한 '자존감 향상' 에 노력했다. 학교가 바뀌어 교장을 하면서도 아이들의 주된 고 민을 들어 보면 가장 많은 부분은 결국 공부이다. 학부모들은 질 풍노도 사춘기 감정을 알아주고 소통하는 법도 알아야 하지만 자 녀의 공부에 대한 관심도 지속적으로 갖고 있어야 한다. 이런 환 경과 경험 속에서 나는 이 책을 쓰게 된 것이다. 교직 39년을 정 리하며, 관심을 가져온 공부 방법과 요령에 관한 것을 학생들과 학부모들에게 알려주고 싶었다. 온전히 공부하는 방법의 다양성 을 배워 자기 나름의 공부법을 평생 만들어 가지는 것이다. 이 책을 통해 많은 학생과 학부모가 공부는 어떻게 해야 하는지 방법과 요령을 알아서 공부를 포기하는 학생도, 자기 꿈을 버리는 학생이 없기를 바랄 뿐이다. 내용은 평범할 수도 있지만 평범 속에 진리가 있다. 인생의 주인공은 '나'이고 '나는 소중한 사람'이기 때문에 그 밑바탕에 나를 지탱해 주는 공부가 있어야 한다.

'주인공은 나야 나, 나는 소중해!'

교장이 된 이후에 나는 학생들에게 공부를 잘하든 못하든, 잘살든 못살든 상관없이 '주인공은 나야 나, 나는 소중해!'를 열심히 외치게 하였다. 아이들이 성장하여 학창 시절을 돌아보면 이 말이 얼마나 소중하고 중요한 말인지를 깨달아 알 것이다. 다양한 공부, 삶의 밑바탕이 되는 공부를 통해 자기 인생의 주인공으로 소중한 사람으로 '자존'을 지키며 우리는 모두 잘살아야 한다.